COMMENT NE PAS DEVENIR UNE FILLE À CHAT

NADIA DAAM

Comment ne pas devenir une fille à chat

MAZARINE

Illustrations intérieures : © Leslie Plée
http://leslieplee.tumblr.com/

ISBN : 978-2-253-18843-8 – 1re publication LGF

Pour S.,
l'Enfant personnel

Qui est l'exemple ?

À 8 ans, j'étais Princesse Sarah. Je pensais sincèrement vivre les mêmes tourments que Sarah, mon héroïne de dessin animé préférée, orpheline de mère, abandonnée par son père dans un pensionnat, cloîtrée dans un grenier pourri avec deux rats, patient zéro de ce qu'on appelera bien plus tard le harcèlement scolaire. Après tout, ma mère me donnait des cuisses de poulet pour le goûter (DES CUISSES DE POULET, AU GOÛTER, DANS UN PUTAIN DE TUPPERWARE), alors que les autres se régalaient de barres de céréales Grany en se foutant bien de ma gueule. Je devais également endurer l'extrême

humiliation du port du tee-shirt contrefait Waïkiki (subitement devenu Waïkiko). Je ne disposais pas non plus d'une chambre décente, puisque je la partageais, non pas avec des rats, mais avec mes deux frères atteints du syndrome du côlon irritable. Mon sort ne me paraissait pas plus enviable que celui de Princesse Sarah et j'aimais à croire qu'on vivait toutes les deux plus ou moins le même calvaire au quotidien. J'ai aussi eu une période où j'assimilais ma vie à celle d'Anne Franck (les enfants de 8 ans ont tendance à surréagir).

À 11 ans, j'étais Samantha Micelli dans *Madame est servie*. Parce qu'elle avait quand même de beaux cheveux.

À 15 ans, j'étais Joey Potter dans *Dawson*. Comme elle, je portais des jeans beaucoup trop mal coupés, je n'avais toujours pas mes règles et je collais régulièrement mon front contre une vitre embuée, en pestant contre tous ces cons qui ne comprenaient rien. J'avais même poussé le mimétisme jusqu'à tenter d'adopter cette petite moue tellement craquante que Joey faisait dès qu'elle était un peu mal à l'aise. Tentative infructueuse qui n'a abouti qu'à de vagues suspicions d'AVC et à deux IRM.

À 20 ans, j'étais Courtney Love. Je n'allais pas beaucoup à la fac et je découvrais les bienfaits du whisky-Coca.

À 26 ans, j'étais enceinte du Père de l'Enfant personnel et j'étais à nouveau Joey Potter/Katie Holmes, elle-même enceinte pile en même temps que moi… de Tom Cruise. On avait la même date d'accouchement présumée, on attendait toutes les deux une petite fille, et bon, on avait toutes les deux été fécondées par un homme. Ça me semblait amplement suffisant pour faire de Katie Holmes un nouveau modèle de vie.

À 28 ans, j'étais à nouveau Courtney Love. J'avais quitté le Père de l'Enfant personnel pour le Sale Con n° 1, je n'allais pas beaucoup à #LeTravail et je découvrais une seconde fois les bienfaits du whisky-Coca et ceux de la garde alternée.

À plus de 35 ans, je ne sais pas trop qui je suis. J'ai toujours autant besoin de m'identifier à quelqu'un (de célèbre ou d'irréel), d'avoir un genre de modèle (la faute à tous ces tests psycho bâclés en attendant un détartrage, mais censés me dire si je suis plutôt Beyoncé ou Ségolène Royal), et j'ai beau chercher à la télé, dans *Closer*, dans *Elle*, je ne trouve aucune fille dont la vie corresponde de près ou de loin à la mienne. Et je rappelle que mes critères sont assez peu exclusifs.

Pourtant, une mère célibataire célèbre, réelle ou fictive, qui, comme moi, aurait son enfant une semaine sur deux, ne le vivrait pas trop trop mal, serait tout à la fois capable de préparer un bol de Miel Pops à 7 heures du matin une semaine, de porter sa culotte sur la tête à la même heure la semaine d'après, qui oublierait parfois le chèque de la cantine, mais penserait au sac de piscine… Là, comme ça, je vois pas.

Pour en avoir le cœur net, j'ai fait ce que tout le monde fait aujourd'hui, quand il a besoin de vérifier une intuition : j'ai googlé. J'ai googlé « mère célibataire ».

Comme souvent, les suggestions Google m'ont plongée dans un abîme de perplexité. Si vous tapez « mère célibataire » dans la barre de recherche, le moteur vous propose de compléter votre requête comme ça et dans cet ordre-là :

« mère célibataire aide »
« mère célibataire refaire sa vie »
« mère célibataire solitude »
« mère célibataire forum »

Je viens de recoller ma tête contre une vitre embuée comme Joey Potter, sauf que, là, j'ai aussi envie de la taper à intervalles réguliers contre le carreau jusqu'à me faire saigner du nez.

J'ai donc finalement ma réponse. Je suis Fantine. Comme dans *Les Misérables*. J'ai une vie de merde, je vais vendre mes dents et mes cheveux pour acheter des Miel Pops à l'Enfant personnel, me prostituer pour payer la cantine, et puis, pouf pouf, refaire ma vie, parce que, quand même, le célibat, c'est pas une vie. Après, j'irai raconter tout ça sur un forum avec mes copines les mères-célibataires-à-vie-de-merde.

Laissons néanmoins le bénéfice du doute à Google et allons voir ce qui se dit sur la page « actualités » :

« Casablanca : une mère célibataire vend 5 bébés et abandonne le 6e[1]. »

OK.

---

1. https://www.bladi.net/maman-enfants-abandon,41755.html

Je retourne sur Google et clique sur le premier article. Enfin, techniquement sur le deuxième, puisque le premier lien pointe vers un site de rencontres dont la *baseline* est « Trouvez celui qui vous aimera, ainsi que vos enfants ». Partant du principe qu'un homme qui « aime mes enfants » d'emblée, sans même les connaître, a aussi de grandes chances de beaucoup aimer les camionnettes blanches et le rayon « Câbles, chaînes, cordes » de chez Leroy Merlin, je préfère zapper.

Je clique donc sur tous les articles listant les *do* et les *don't* des mamans solos. J'ai conservé le meilleur (façon de parler).

Parce que t'as déjà foiré ta vie de couple, il s'agirait d'arrêter de saloper ton célibat.

Tu dois te répéter intérieurement que, non, tu n'es pas seule.

Enfin, si un peu quand même…

Tu ne dois pas te laisser aller.

Bon, tu es seule, mais ce n'est pas une raison pour glander devant la télé en te gavant de Crunch et de téléfilms niais. Allez ! On se secoue ! On se pomponne et on croque la vie à pleines dents.

Soit le sacro-saint cliché de la célibataire qui mange du tarama à même le pot en matant une énième rediffusion des « Reines du shopping », et en chialant sur les meilleurs souvenirs de sa vie de couple (un séjour Marmara *all inclusive* à Djerba). Alors qu'elle pourrait se bouger un peu et mettre de la Terracotta.

Tu ne dois pas dire du mal de leur papa devant ton enfant.

HAHAHAHAHAHAHAHAHAHA.

Tu ne dois pas avoir honte d'être dépendante et de réclamer une pension alimentaire.

Parce qu'on sous-estime la souffrance morale d'une femme qui touche 170 euros par mois. On préfère toutes vendre une prémolaire plutôt que de subir une telle humiliation.

Tu ne dois pas cacher à ton enfant que maman est triste.

Je ne veux pas paraître tatillone, mais je crois que le tarama, les « Reines du shopping » et cette odeur un peu âcre qui s'échappe du survêtement de maman auront probablement mis les enfants sur la piste de l'idée que peut-être « maman n'est pas complètement au top en ce moment ».

Bref, si tu es une mère célibataire et que tu souhaites un tout petit peu t'identifier à des femmes qui auraient les mêmes problématiques, on te conseille de te mettre de la BB cream, de chercher sur Internet l'homme qui peut-être jettera tes enfants dans la Vologne, et de prendre ton mal en patience, parce que le célibat n'est « qu'une mauvaise passe ».

Je crois que je viens de réussir à faire la moue gênée de Joey Potter.

Les applis pour célibataires pas très exigeants

Il fut un temps, béni des cieux, où, pour conserver un semblant de vie sexuelle, les célibataires ne pouvaient compter que sur eux-mêmes, de l'alcool en grande quantité et une bonne hygiène bucco-dentaire. En qualité de vieille personne, j'ai personnellement connu cette période au cours de laquelle on SORTAIT pour choper. En tout cas, où un semblant d'échanges non virtuels avait précédé un coït. Bien sûr, quand j'avais enfilé mon pantalon en Lycra taille basse orange de la subtile marque Pussy, tressé mes cheveux en nattes africaines (interprétation libre du look de Mel C des Spice Girls) et que j'étais imbibée de vodka, il n'était pas non plus question de débattre des méfaits de la mondialisation ou de résoudre des équations à deux inconnues avec mes *targets*, mais enfin, le lendemain dudit coït, j'étais capable de citer le nom, l'âge, la profession de la personne que j'avais mise dans mon lit. On avait eu un semblant de conversation et je pouvais ranger cette expérience sexuelle dans la catégorie « rencontres spontanées et fortuites ». C'est que j'ai connu l'époque où l'on n'avait ni Facebook ni téléphone portable (ou alors un objet de la taille et du poids d'une enclume qui déformait les poches de mon pantalon Pussy) et où les rencontres se faisaient dans la vraie vie.

Ça, c'était avant l'avènement des sites et autres applis de rencontres présentées à longueur de journée comme outil d'émancipation et facilitateur de vie. Parce qu'on n'a encore trouvé personne pour résoudre le conflit israélo-palestinien, ni pour enfiler une housse de couette sans suer sang et eau, mais pour arranger les plans cul des célibataires exigeants, y a du monde. Même si j'ai plein d'avis sur des sujets que je ne maîtrise pas du tout (je suis journaliste), j'ai quand même, pour approfondir le sujet, téléchargé un jour l'appli Tinder, pour la désinstaller vingt-quatre heures plus tard. J'ai déjà pas le temps de me laver les cheveux, alors passer mes soirées à faire défiler sur mon écran les profils issus du trombinoscope de « Faites entrer l'accusé », très peu pour moi. J'ai quand même eu le temps de « matcher » avec un mec qui, après les formalités d'usage, m'a adressé un gif animé de son micro-pénis.

Forte de cette expérience et d'une documentation acharnée, j'ai néanmoins une approche journalistique de ces fameux sites (entre ici, Albert Londres). Je les ai tous ou presque étudiés de loin. Et je suis en mesure de vous dire que le plus grand mal que nous a inoculé le XXIe siècle, c'est pas la crise de la social-démocratie, le virus Zika ou James Blunt, mais Meetic, Tinder, Adopte un mec & Co.

D'abord, on a totalement surréagi à la supposée efficacité de ce type de supports en se délectant d'articles contant le nombre d'enfants nés de rencontres sur Meetic ou de la légende urbaine de la meuf qui a retrouvé son amour d'enfance sur Copains d'avant ou sur Facebook. Moi, la seule personne que j'ai retrouvée sur Copains d'avant, c'est mon ancien prof d'EPS. Quant à Meetic, il fait aujourd'hui figure de dinosaure face à la multitude d'applis de rencontres et n'y figurent que les célibataires qui ont encore une adresse en wanadoo.fr. Et mon prof d'EPS. Pour ce qui est de Facebook, j'invoque le cas de cette jeune femme qui a été enterrée vivante par un garçon qu'elle avait rencontré sur ce réseau social. Et encore, elle a de la chance, elle aurait pu avoir une énieme invitation pour Farmville.

Admettons néanmoins que la pluralité des sites de rencontres multiplie davantage les chances de faire effectivement des rencontres que de décéder d'une mort violente.

Il existe par exemple une appli pour rencontres qui s'appelle BonjourBonjour. Ça marche comme n'importe quelle appli de rencontres basée sur la géolocalisation. On s'inscrit, on crée son petit profil et on peut voir les célibataires présents dans le secteur. Une fois qu'on trouve quelqu'un qui nous plaît, on lui écrit « bonjour, bonjour », et si la personne en question répond « bonjour, bonjour », paf, c'est plié.

Si votre maman avait su que, en vous inculquant les règles de base de la politesse, cela vous permettrait de vous faire choper par un voisin, elle aurait sûrement été moins insistante.

Ne me lancez pas non plus sur les applis et sites de rencontres extra-conjuguales type Geedlen, dont les publicités ornent les couloirs de métro avec de subtiles photos d'une Granny Smith à moitié entamée, qui est censée incarner l'adultère et le péché, parce que c'est vrai qu'une photo de facture de l'Ibis de la porte de Champerret, tout de suite, c'est un peu moins glam. Je conviens néanmoins que, pour les infidèles, ce site a l'avantage de faire le tri et leur permet d'assouvir leurs pulsions sans encombrer les autres sites supposément dédiés aux seuls célibataires.

Mais même cela n'est pas tout à fait vrai. Parce que l'infidèle n'étant pas à une enculade près, il ne va pas sur les sites RÉSERVÉS aux infidèles, il va sur les sites lambda et se fait passer pour un célibataire qui cherche l'amour. Le vrai.

Il est donc tout à fait possible de s'inscrire sur le site Attractive World, le site de rencontres pour célibataires haut de gamme (qui ont donc les moyens de claquer 50 euros d'abonnement mensuel) exigeants, même si on est ni célibataire haut de gamme, ni très exigeant. Une amie a ainsi chatté pendant trois mois avec Pierre, « célibataire exigeant » de 35 ans, résidant place Monge à Paris et occupant le prestigieux poste de « consultant finance free-lance senior ». Avant de découvrir que Pierre était en réalité René, résidant à Chatou, père-de-trois-enfants-bientôt-quatre. Et prof d'EPS. Je jure que c'est vrai.

Fort du récit de personnes flouées, certains ont créé des sites censés mettre un peu d'ordre dans le bordel. Est ainsi né Heavenly Sinful, un site censé dissiper les malentendus en permettant aux usagers d'annoncer la couleur dans le profil. *Heavenly* = je cherche une histoire sérieuse. *Sinful* = je veux me faire casser le jean. Pour les non-anglophones, chacune des deux catégories est représentée par un symbole. Les fleurs bleues sont symbolisée par des ailes d'ange. Les gros cochons par un trident rouge. M'est avis qu'un pantalon taille basse en Lycra de la marque Pussy aurait été certes désuet, mais plus pertinent.

L'autre particularité, c'est qu'il permet aux utilisateurs de changer de statut et de passer de *sinful* à *heavenly* en fonction de leur humeur du moment, voire d'être les deux en même temps. D'être donc mi-cochonne, mi-fleur des prés. D'être Karine Le Marchand sur son canapé d'angle, quoi.

Bon. Soit. Admettons que ça marche.

J'ai beaucoup moins de mansuétude pour d'autres applis, d'ailleurs pas uniquement dédiées aux rencontres, mais au couple dans sa globalité.

En 2015, Android en a lancé une nouvelle, baptisée Ex-posure, pour faire la promotion d'un nouveau programme de téléréalité, « La Revanche des ex ». Le pitch est simple. La production fait un casting sauvage dans une boîte de nuit du Nord-Pas-de-Calais. Elle trouve quatre tocards qu'elle colle dans l'avion. On les installe sur une île déserte et, vingt-quatre heures plus tard, on fait débarquer les ex de chacun. L'application exploite donc l'idée selon laquelle personne n'a envie de tomber nez à nez avec un ex (ce qui empêche certaines de mes amies de se rendre dans 90 % des brasseries parisiennes, salles de concert et piscines municipales). Elle permet donc aux usagers de géolocaliser leurs ex grâce à Facebook et d'envoyer une alerte si ce dernier se trouve à proximité.

Ainsi, si vous êtes dans la rue en survêtement avec un *bucket* de poulet KFC sous le bras, et l'empreinte de votre patch anti-point noir, votre téléphone vous prévient que votre ex est au coin de la rue avec sa pute (le téléphone ne dira pas « avec sa pute », mais vous avez compris l'idée). Vous pouvez donc rentrer dare-dare chez vous en empruntant des chemins détournés et manger vos ailerons de poulet. Brillant, hein ? Le problème, c'est que ça marche pas. Elle a sûrement été mise au point par les mêmes mecs qui ont inventé les ouvertures faciles. Une journaliste du site américain *Dailydot*[1] l'a testée et son ex aurait pu être à l'intérieur d'elle que l'appli ne l'aurait pas géolocalisé.

À l'inverse, Lick this fonctionne super-bien, mais ce n'est pas forcément une bonne nouvelle. Il s'agit, ni plus ni moins, d'un simulateur de cunnilingus censé enseigner aux hommes et aux femmes à manipuler un clitoris autrement que comme un presse-ail… en léchant son écran de téléphone. C'est le moment de signaler que les téléphones portables sont des nids à microbes et qu'ils recèlent 500 fois plus de bactéries qu'une cuvette de toilettes. Je m'adresse donc aux personnes qui l'ont téléchargée et utilisée : c'est bien ! Ça part d'un bon sentiment en plus. Mais sachez tout de même que, techniquement, vous avez pratiqué un annulingus sur un candidat

1. E.J. Dickson « Ex-Posure is an app that helps your exes – but it's a total failure », *The Daily Dot*, 2 février 2014.

de « Koh-Lanta » pas douché depuis quarante jours et qui ne dispose, pour sa toilette intime, que d'une demi-feuille de bananier. Dans le même esprit, le Kissing Simulator est un site qui a la prétention d'enseigner la bonne pratique du baiser. Il est destiné à ce qu'on appelle les mauvais coups de la bouche : les gens incapables d'embrasser correctement. Comme celui que l'on appelle communément la voiture-balai. Soit le mec qui te fait un détartrage avec une langue anormalement large et épaisse, c'est-à-dire qui y met tellement de cœur qu'il arrive à récupérer un morceau de feta de ton panini quatre fromages du midi dans l'une de tes prémolaires. Il t'a même tellement ramoné les interstices qu'il serait tout à fait capable de reconstituer une salade du berger avec tout ce que sa langue a ramassé. Pour autant, fallait-il vraiment que nos concitoyens se mettent à lécher leur écran pour progresser ?

Charles de Gaulle aurait-il utilisé le Kissing Simulator ?

Nan, je déconne.

Mais, enfin, il me faut bien admettre que sur l'échelle Finkielkraut de détestation des nouvelles technologies, je suis environ à 15 sur 10 quand on me dit : « T'es célib ? Pourquoi t'es pas sur Tinder ? » Vivement le *revival* de la mode des années 90 que je puisse porter mon pantalon taille basse en Lycra orange de la marque Pussy.

C'est pas toi, c'est moi

J'ai objectivement assez peu de talents. Je ne sais pas siffler avec les doigts, ni faire la roue, je cuisine comme un pied, je parle mal anglais, et je suis nulle au Petit Bac. Mais j'ai un don inné, assez difficile à placer sur un CV, ou à glisser l'air de rien dans une conversation pour briller comme « je parle ouïghour » ou « je connais tous les dialogues du *Parrain II* ».

Non, moi, je suis hyper-calée en rupture. Ce qui, au quotidien, reste plus pratique que le ouïghour ou une bonne culture ciné.

Je sais bien rompre, et je suis surtout capable de déterminer dès les premières semaines quand et pourquoi je vais quitter ce mec. Prescience qui ne va en rien entamer mon enthousiame à profiter de la relation, mais je sais d'emblée que cet amour ne va pas durer trois ans, ou sept ans, mais le temps qu'il faudra pour que sa façon de manger la bouche ouverte me tape suffisamment sur les nerfs pour que je rompe.

C'est l'une des raisons pour lesquelles je suis incapable de comprendre mes amis enfermés depuis de longues années dans une relation dysfonctionnelle avec un partenaire pas assez présent / pas engagé / égoiste / infidèle… Quand moi, il suffit que le mec signe un texto avec un smiley lunettes de soleil pour que je dépose une main courante. Bizarrement, c'est au sujet de ces gens qui ont du mal à mettre un terme à une relation toxique qu'on a écrit des tartines. Il existe des dizaines de guides censés nous apprendre à rompre, à retrouver notre indépendance affective et à nous débarrasser de nos boulets. Comme s'il était aussi difficile de rompre que d'arrêter la clope ou les hydrates de carbone.

Moi, j'aurais plutôt envie qu'on m'apprenne à ne pas TROP rompre. C'est pas que je sois intolérante ou hystérique. Je pense juste être, par l'entreprise du destin, tombée sur des mecs qui ont pile coché au moins une case de ma liste baptisée « les trucs que même pas en rêve je supporte plus de six mois ». Liste sur laquelle vont figurer des items variés :

– le mec qui rit de façon gênante (s'il glousse, s'il rit fort, s'il rit mais qu'aucun son ne sort de sa bouche, si quand il rit un seul pan de sa bouche se soulève, s'il hoquette, s'il croasse, s'il couine) ;

– le mec qui fait des fautes d'orthographe dans ses textos (je tolère un participe passé mal accordé, je peux négocier l'absence d'accents, j'appelle le GIGN en cas de « sa va ? ») ;

– le mec qui envoie trop de textos ;

– le mec qui n'en envoie pas assez ;

– le mec qui répond trop vite à mes textos (ça m'angoisse) ;

– le mec qui ne répond pas assez vite à mes textos (ça m'angoisse) ;

– le mec qui a un chien ;

– le mec qui n'aime pas les chiens ;

– le mec qui mange moins que moi (y a-t-il plus désagréable qu'un mec qui repousse sa salade à peine entamée d'un « ouh, c'était trop copieux », alors que tu suçotes le gras des lardons de ta tartiflette en redemandant une corbeille de pain ?) ;

– le mec qui mange plus que toi et qui, du coup, te pousse à grossir parce que tu picores dans son assiette après ta salade ;

– le mec qui ne boit pas d'alcool (il n'y a pas mille possibilités : les hommes de 25 à 45 ans qui ne boivent pas d'alcool sont soit des alcooliques repentants, qui risquent de replonger à tout moment, soit des témoins de Jéhovah, soit en partance pour le djihad) ;

– le mec qui boit trop d'alcool et qui te donne l'impression de vivre avec un étudiant britannique en Erasmus à Munich ;

– le mec qui a un accent méridional (désolée, c'est au-dessus de mes forces, j'ai toujours l'impression de coucher avec Marcel Rufo) ;

– le mec qui en a une petite (eh ouais, on n'est pas l'Unicef du zgeg non plus) ;

– le mec qui en a une trop grosse (je n'ai pas supporté une épisiotomie pour me faire décoller les membranes sans péridurale) ;

– le mec qui pleure après l'amour (tu viens d'avoir un orgasme, mec, pas un rendez-vous avec un oncologue) ;

– le mec que tu surprends devant « Touche pas à mon poste », visiblement sans intention de se moquer ;

– le mec que tu surprends devant « Le Jour du Seigneur » visiblement sans intention de se moquer ;

– le mec que tu surprends devant Canal + visiblement sans intention de se moquer (faites gaffe, c'est peut-être un ex-chroniqueur du « Grand Journal ») ;

– le mec qui fait du bruit quand il mâche ;

– le mec qui fait du bruit quand il dort ;

– le mec qui fait du bruit quand il tape sur son ordinateur ;

– le mec qui fait du bruit ;

– le mec dont la conception du ménage consiste à faire des petits tas (des tas de slips sales, des tas de cartons à pizza, des tas de slips sales dans des cartons à pizza) ;

– le mec dont la conception du ménage consiste à faire les vitres toutes les semaines, tapoter les oreillers tous les matins, fusionner avec sa lingette Swiffer (sinon, autant retourner vivre chez maman) ;

– le mec dont la conception de l'hygiène corporelle consiste à porter ses chaussettes recto-verso et à se doucher les jours pairs ;

– le mec dont la conception de l'hygiène corporelle consiste à passer quarante-cinq minutes chaque matin dans ma salle de bains (*no pasaran* ma crème de nuit à 80 balles).

Statistiquement, si un homme coche une case, dans ma grande mansuétude, on peut espérer passer l'année. S'il en coche deux, je peux le tolérer de trois à six mois. À partir de trois cases, je le lourde sans même avoir eu le temps de mémoriser son nom de famille.

Pour ce qui est de la manière de rompre, j'essaye généralement de faire les choses proprement. On n'est pas des chiens. Je donne rendez-vous dans un lieu public (on ne sait jamais), et j'explique patiemment au garçon que je ne suis finalement pas prête à m'engager dans une relation – je dois d'abord faire le point sur moi-même, retrouver mon moi intérieur, me reconnecter à mes aspirations les plus profondes (quoi que ça veuille dire), que c'était une erreur de commencer une relation alors que je ne suis pas encore en paix avec moi-même, mais j'ai adoré tous ces moments passés ensemble, t'es un mec super, on reste en contact, j'espère, je te souhaite une belle vie.

Bon. En gros, j'ai recours au bon vieux « c'est pas toi, c'est moi ». Ça restera toujours plus audible que « je te lourde parce que, l'autre jour, j'ai trouvé un exemplaire de Christian Jacq dans ta bibliothèque, ça a tout brisé ».

On n'est pas des chiens, mais on est un peu des putes parfois. Alors, j'ai aussi recours à ce qu'on appelle désormais le *ghosting* : j'arrête de répondre au téléphone et aux SMS. Je le bloque sur Facebook, Twitter, Instagram, LinkedIn. Bref, je fais la morte.

Si je suis d'humeur généreuse, je me sers de la meilleure invention du XXe siècle après la création du chat hypoallergénique, le texto. Inventé pour que :

1. On puisse arriver en retard en envoyant « je suis bloquée sur la ligne 12, j'arrrriiiiiiive », alors qu'on est techniquement bloqué devant « Recherche appartement ou maison ».

2. On puisse quitter quelqu'un sans avoir à

supporter les larmes, les braiements, les reproches ou, pire, l'indifférence, voire le soulagement.

Parce qu'il arrive, en effet, que le mec ait lui-même dressé sa propre liste de « les trucs que même pas en rêve je supporte plus de six mois ». Et qu'il allait lui-même te quitter parce que tu parles dans ton sommeil ou n'aime pas la coriandre.

C'est fou, quand même, ces mecs qui ne supportent aucun défaut. On n'est pas parfaites, bordel.

Célib'chef

Avouez-le. Vous ne vous vous étiez jamais demandé comment s'alimentait un célibataire, hein ? Tout comme vous ne vous êtes jamais dit un matin en vous levant « tiens, est-ce que les célibataires ont dix orteils comme le reste de la population et mettent un pull quand ils ont froid ? ». Et pourtant, le sujet a semblé suffisamment crucial et mystérieux à l'Insee pour qu'il digilente une enquête intitulée « La consommation alimentaire des hommes et des femmes vivant seuls[1] ».

Ils n'avaient sûrement pas la place de mettre : « La consommation alimentaire des hommes et des femmes vivant seuls, en pyjama Bob l'éponge, avec leur patch anti-points noirs et leur chat prénommé Pompom », mais c'est quand même l'idée générale. Car s'intéresser à l'alimentation des célibataires revient à présupposer que le célibat constitue une différence suffisamment marquée pour que soient distinguées et étudiées leurs façons de faire les courses, de se nourrir et de s'attabler. Sans être totalement parano, le préjugé sous-jacent, c'est que le célibataire se nourrit de gaspacho à

1. Thibault de Saint Pol, « La consommation alimentaire des hommes et femmes vivant seuls », *Insee première*, n° 1194, mai 2008.

même la brique et de sauce spaghetti Bolo Balls. Voire de McDo à emporter, s'il ne se respecte vraiment plus.

Il faut dire que tout contribue à alimenter le stéréotype : n'importe quel article traitant d'obésité et de malbouffe sera systématiquement illustré par une personne seule, le regard dans le vague, la mayo au coin des lèvres. À l'inverse, vous ne verrez jamais une femme seule en une du magazine *Saveurs*, attablée devant une salade niçoise, son chat Pompom à ses pieds. Le cinéma a lui aussi largement validé le stéréotype de la célibataire, le nez dans son pot de tarama, devant une énième rediff des *Experts à Las Vegas*. Quant à la presse féminine, elle nous gratifie régulièrement de « j'ai testé un atelier cuisine pour célibataires », censé remettre les personnes seules dans le droit chemin en leur inculquant les bases de la béchamel.

Reste que cette fameuse enquête de l'Insee est assez riche d'enseignements et qu'elle s'est embarrassée du préambule suivant : « Les personnes seules ne sont toutefois pas représentatives de l'ensemble de la population : elles sont notamment plus âgées… surtout les femmes[1]. »

Si, à ce stade, vous ne vous êtes pas encore jetée dans le cours d'eau le plus proche en découvrant

1. *Ibid.*

qu'un mec de l'Insee scrute votre Caddie de vieille fille, vous apprendrez alors que les femmes dépensent davantage pour leur budget alimentaire que les hommes, et que cela représente un écart de 303 euros par an.

Dépenses qu'elles consacreront à l'achat de légumes, de fruits, de fromage et d'œufs. Tandis que les hommes claqueront leur fric en pain, pâtes, riz et viande. Mais l'homme ne se contente pas d'être un bouffeur de gluten et un chasseur, il consomme aussi plus de vin, cidre, bière et spiritueux.

Là, j'ai eu très envie de présenter ma copine Lise à l'Insee, laquelle se nourrit exclusivement de 1664 et de jambon de la mer (de surimi, quoi).

Autre info, les femmes célibataires font leurs courses au marché le week-end et privilégient des aliments qui nécessitent un peu de cuisine, tandis que les hommes vont en grande surface pour s'approvisionner en produits prêts à consommer.

J'ai, là aussi, eu en mémoire toutes les fois où je me suis sustentée d'une salade Petit Navire. Même qu'une fois j'ai trouvé un bout de plastique dans ma conserve et que j'ai passé une journée à invectiver @ saupiquet sur Twitter (je suis la Erin Brockovich de la boîte de thon, et j'ai beaucoup de temps libre). Tandis que mon copain Sened, lui aussi célibataire, a une machine à pain et une recette de bœuf strogonoff.

Ah oui, parce que l'enquête de l'Insee date de 2008. Soit bien avant l'avènement du *foodporn* et du moment où faire la bouffe est devenu sexy. Avant le moment où mettre de la crème fraîche dans la carbonara a fait l'objet d'une fatwa. À côté, même Salman Rushdie peut être tranquille, tant qu'il touche pas à la briquette Elle & Vire quand il se fait des pâtes. Désormais, qu'on soit célibataire ou en couple, homme ou femme, le dimanche, il est fortement recommandé d'aller au supermarché acheter sa botte de topinambours, d'en faire une purée et de coller la photo sur Instagram. D'ailleurs, le dimanche, on ne mange plus, on *brunche*. Voire, on *slunche*. Le *slunche*, c'est un *brunch* que tu prends en fin d'après-midi /début de soirée, et dont le seul intérêt est qu'il est généralement servi avec beaucoup d'alcool et qu'il est socialement plus accepté de te bourrer la gueule le dimanche à 18 heures qu'à 11 heures du matin pendant que les gosses suivent un atelier « Gommettes » dans la pièce d'à côté.

La bonne nouvelle, c'est que si vous êtes célibataire et que vous consacrez beaucoup de votre temps libre à vider votre frigo, vous n'êtes pas en dépression ni atteinte de troubles du comportement alimentaire. Vous êtes une *foodista*. D'ailleurs, on ne dit plus nourriture, ou manger, on dit *fooding*. J'ai même trouvé le blog d'une fille qui fait des gâteaux pendant ses jours de RTT et qui se définit comme *cakista*. J'imagine que si on est un garçon et qu'on a une super-recette de quiche lorraine, on est donc un *quichisto*.

D'ailleurs, manger seul, debout, comme une merde, n'est plus considéré comme une attitude vaguement honteuse. Pour peu que tu manges debout, tout seul, comme une merde, mais avec panache, tu deviens un adepte de la *streetfood*. La

CHEF'S
MERGUEZ
CROC'
PITA
ASSIETTE
PANINI
BURGER
KEBAB
SALADE
Je te conseille l'édition limitée "gueule de bois". Ils écrasent du nurofen dans la sauce samouraï.

différence, c'est que, au lieu de t'enfiler une Pastabox sur ton plan de travail, tu fais la queue pendant quarante-cinq minutes sur le parking d'une zone industrielle devant un *foodtruck* qui te vend des tacos que tu vas bouffer dans le froid avec tous les petits morceaux d'avocat équitable qui te tombent direct dans l'écharpe.

Idem, j'habite dans le quartier de Stalingrad, à Paris, où manger local consiste à se bâfrer d'un grec frites sauce samouraï à 4 heures du matin. Je suis pas bourrée, JE SUIS UNE LOCAVORE.

L'alimentation du ou de la célibataire a donc largement bénéficié de cette mode imbécile consistant à surévaluer n'importe quel aliment disposé à peu près correctement dans une assiette creuse. Vous avez collé une mozzarella Galbani sur deux tomates cerises et trois feuilles de menthe flétries, faute de basilic, en écoutant la radio : vous pouvez désormais dire que vous avez mangé une « tomate-mozza revisitée », en écoutant un podcast.

Bien sûr, tout cela ne change rien au fait que, en effet, cuisiner pour une personne reste forcément connoté « *FOREVER ALONE* » – « célibataire à vie ». La faute aux packagings pas forcément calibrés pour une personne. Un simple camembert s'achète en demi-meule ou directement en portions individuelles (et autant se coller une pancarte « j'ai pas couché depuis un an et demi » directement sur le dos, avant de passer à la caisse). C'est pour ça que le frigo du célibataire, même s'il a fait ses courses en quantités raisonnables, finit toujours par être peuplé de bocaux de sauce tomate fermentée, de lait tourné et de Tupperware couverts d'une fine pellicule de givre.

On pourrait imaginer qu'héberger un enfant rend la tâche moins difficile ; c'est oublier qu'un enfant en a rien à foutre de ta « tomate-mozza revisitée » et de ta purée de topinambours. Que cet ingrat barbare veut de la crème fraîche dans ses carbos et des nuggets cartilagineux. C'est comme ça qu'on se retrouve à gober des restes de steak haché debout au-dessus de la poubelle, parce qu'il ne faut pas gâcher, et à jeter des bouts au chat Pompom. Peut-être qu'un jour, l'Insee s'intéressera à « la consommation alimentaire des chats vivant avec des femmes et des hommes seuls ».

Dire du mal de son ex à ses enfants, sans en avoir l'air

S'il y a bien un point sur lequel tout le monde s'accorde (pédopsy, juge des affaires familales, éditorialiste du magazine *Elle*, dame de cantine, parapharmacien, ma prof de yoga bikram), c'est l'idée qui veut qu'un parent séparé ne doit en aucun cas dauber sur son ex auprès de ses enfants.

Tu as envie de glisser à ton fiston, l'air de rien, entre les coquillettes et le Babybel, que son ADN est à moitié composé de celui provenant d'un étron parsemé de paillettes de cellules souches du virus Zika fourré au gaz sarin ?

NICHT. ACHTUNG. VERBOTEN. GEWÜRZTRAMINER. PAPA SHULTZ. Ou n'importe quel mot en allemand qui te donne l'impression de te faire engueuler par un Waffen-SS en plein syndrome prémenstruel.

C'est interdit, pigé ? Même si tu t'es fait féconder par un tueur en série récidiviste physicien nucléaire iranien porteur de pantacourt égorgeur de pandas albinos. Il est formellement interdit de dire le fond de ta pensée à ta progéniture quand il est question de son patrimoine génétique.

Pour « conserver le lien », il paraît. Et parce que ça plonge les gosses dans un conflit de loyauté intenable. D'ailleurs, les psys n'utilisent pas les termes « dauber sur son ex » ou « pourrir cette créature de Satan qui m'a trompée avec une pute », ils parlent de « dénigrement », voire de « parent aliénant ». Dans un papier de *Marie Claire* (oui, bon, ça va, j'ai raté ma licence), un psy explique même que « dire du mal de l'autre parent, c'est détruire 50 % de ce qu'est l'enfant[1] ». Quand même, 50 %, ça fait beaucoup. C'est la moitié du gosse, quoi (oui, bon ça va, j'ai fait un bac L). Évidemment, si on rétorque que si c'est juste les 50 % qui mettent pas leur assiette dans le lave-vaisselle, et qui font-rien-qu'à-jouer-à-la-DS-alors-qu'il-fait-beau-dehors qui dégagent, bah, c'est pas grave, on va faire un effort pour s'acclimater. Y aura forcément quelqu'un pour être un peu pointilleux et rétorquer qu'un enfant ne doit pas se sentir déchiré entre ses deux parents.

Cest sûr que, dit comme ça, ça a l'air cohérent et sain. Personne ne se dit « ah tiens, ce mec avec qui j'ai partagé un abonnement Netflix, un compte joint, un sanibroyeur, et un enfant (pas dans cet ordre d'importance, même si Netflix, quand même, quelle belle invention <3), eh ben, maintenant qu'on est séparés, je vais tellement *bitcher* sur lui auprès de ses gamins que même son propre fils voudra lui passer les testicules au presse-ail. Gniark gniark ».

1. Emmanuelle Courrèges, entretien avec la psychologue Etty Buzyn, « Jusqu'où peut-on manipuler un enfant », *Marie Claire,* juin 2009.

Ça va, on n'est pas des bêtes non plus. On sait qu'un gosse, s'il respecte ses deux parents, c'est forcément mieux. Il doit sentir qu'il est le fruit d'un amour vrai et sincère. Que ses parents se sont aimés, qu'ils s'aimeront toujours, mais différement. Que l'enfant est le lien indestructible qui les unira pour toujours. Qu'ils se respectent, qu'ils se souhaitent le meilleur mutuellement. Qu'ils ne sont plus un couple de parents, mais resteront des co-parents pour toujours.

HAHAHAHAHAHAHAHAHAHAHAHAHA HAHAHAHAHAHA.

Mon cul sur la commode et mon ennemi, c'est la finance ?

C'est oublier un élément essentiel. Si l'ex était cet être de lumière qu'on respecte et avec lequel on désire ardemment construire une relation harmonieuse et exempte de toute rancune, on ne serait pas en ce moment même en train de griffonner, sur un bloc à dessin, un schéma de catapulte avec l'ex en question DANS la catapulte. On ne se réveillerait pas non plus en pleine nuit, suante et tremblotante (et à demi nue, avec zéro vergeture, mais avec une goutte de Chanel N° 5) (description non contractuelle, pour toute proposition, écrire à l'éditeur qui transmettra), en hurlant : « T'AS JAMAIS PAYÉ LA CANTINE, FILS DE CHIEN ! »

Ça va. On va pas tendre l'autre joue, hein ? On n'est pas Pierre Rabhi non plus.

Alors, oui, voilà. Disons-le. TOUT LE MONDE pense qu'il ne faut pas dire du mal à un gosse de l'un de ses parents. Mais TOUT LE MONDE le fait. C'est comme se curer le nez jusqu'à la pliure du coude ou chanter du Jenifer quand personne ne regarde. L'omerta est totale. Alors, bien sûr, personne ne met les pieds dans le plat en causant à son gamin en *explicite lyrics*, comme on le ferait avec la psy ou le tenancier d'un bar, un soir de beaujolais nouveau.

Dire à son enfant que son papa est une tartine de caca sans le traumatiser (l'enfant, pas le papa) est un art que seul maîtrise une poignée d'élus. À la fin, un seul d'entre nous survivra…

Ah oui. Merde. Je me suis un peu emballée. Ça, c'était le pitch de la série *Highlander*.

Faut dire aussi que tout était plus simple dans *Highlander*, quand personne demandait son avis à Marcel Rufo et que t'allais direct décapiter le mec qui te pétait les rouleaux avec ton petit Laguiole. Ça avait le mérite de désengorger les tribunaux et les plateaux de Sophie Davant.

Bref.

On en était donc au stade où l'envie de dauber sur l'ex auprès de sa progéniture est irrépréssible. Là, il y a plusieurs écoles.

Soit tu y vas franco et tu expliques doctement à ton gosse que son père est nul. À chier. Débile léger. Bouhh. Un cafard.

Qu'il a de la chance de t'avoir rencontrée, d'ailleurs, son papa, parce que, sans toi, il serait encore chez ses parents à regarder « Fort Boyard » le samedi soir en caleçon les 3 Suisses et à compter sur ses doigts. Même que, pour son anniversaire, tu lui as offert tout Primo Levi, et que, avant, il croyait que c'était une recette d'antipasti. D'ailleurs, quand vous avez partagé les bouquins et les DVD au moment de la séparation, ben, il s'est retrouvé tout seul comme un con avec pour tout objet culturel son guide d'installation pour Word sur Windows, un fascicule « Picard, les recettes de l'été » ET Primo Levi. Son boulot, là, ben, sans toi, il l'aurait jamais eu. Tu lui as fait son bilan de compétences gratos, au mec. Tu l'as coaché pour ses entretiens de taf et tout. Pendant que, toi, tu tirais ton lait dans la cuisine en tee-shirt Parc Astérix (avec une goutte de Chanel N° 5, souvenez-vous) et que tu sacrifiais ta carrière professionnelle pour ce naze. Quand on regarde bien, c'est à cause de lui si t'es toujours au smic et que cette connasse d'Audrey a eu la promotion que tu convoitais pendant que tu torchais des cacas bicolores. Hein. Oh. Bon. Alors, il va pas te faire chier çuila et finis ton assiette.

Ça, c'est la version « totale transparence » que la rédaction ne valide pas totalement, hein.

J'ai une nette préférence pour la version « dis du mal de son géniteur à ton enfant, mais sans en avoir l'air ! Tu es une libellule qui butine les fleurs du *seum* avant de virevolter ailleurs ». Version qui consiste peu ou prou à énoncer les faits sus-cités, mais en donnant l'impression de n'être absolument pas aigrie.

Moi ? Rancunière ? Hahaha, pas du tout, je suis complètement passée à autre chose, ma chérie. J'ai beaucoup de respect pour ton papa. De l'admiration même. Après tout, qui aurait dit, il y a quinze ans, quand on s'est rencontrés – qu'il distinguait à peine sa gauche de sa droite, que sa maman lui lavait ses slips et qu'il était à 90 % composé de plats Picard et à 10 % de Stella Artois –, qu'il en serait là aujourd'hui ? Un job bien payé (7,5 fois le prix de la pension alimentaire, pour laquelle il a cinq mois de retard, une paille, hinhinhin), un appart, une nouvelle copine (que j'adore, hein, elle est super...). Au fait, mon amour, la nouvelle copine de papa, elle est plus grosse que maman ? Oui ? Non ? De combien à peu près ? Nan, mais une fourchette de kilos ? trois ? cinq ? Fais un effort enfin, la nouvelle copine de papa, elle fait du 38 ou du 42, bordel ? Sois précise ! Hein ? Ah. OK. De toute façon 38, c'est le nouveau 40.

Tu vois, je l'adore, papa. D'ailleurs, qu'est-ce qu'il fait, là ? Il est à la bourre. Il devait te récupérer à 18 heures et il est 18 h 08. Ça, c'est tout papa ! Haha ! Jamais le sens du détail ! C'est pour ça que, quand il a repeint le salon, il a salopé tout le parquet ! Quand on est allés chez Leroy Merlin, je lui ai dit « prends des bâches », et il a dit « nan, pas besoin », je lui ai redit « prends des bâches » et il a répété « nan, pas besoin ». C'est papa, ça, il est têtu. Comme une mule. Une vraie tête de cochon. Une tête de porc. Oui, voilà. Un porc. Mais un gros. Un gros porc. Parce qu'il a un peu pris, papa. Ah ben ça, quand tu payes pas la pension, ça fait plein de sous à claquer au resto avec la pu... Avec Mariline. C'est quoi, ce prénom, d'ailleurs ? Bref. Hein ? Quoi ? Ah, c'est papa ? Ben, vas-y, descends. Dis-lui de mettre le chèque de la pension dans le carnet de correspondaaaaaaance.

Voilà. Propre. Net. Précis. Ça laisse zéro trace. Je suis le Dexter du daubage sur le père de ma fille. Pif paf. L'air de rien, ça soulage, et y en a pas plein les murs. L'Enfant personnel aura peut-être même l'idée de vérifier si elle met du 38, cette pute.

Je n'y suis pour rien ! Elle a insisté pour mettre ce Tee-shirt.
Je préfère maman

En avoir ou pas

J'ai beau avoir longuement enquêté (bon, j'ai juste tapé « avoir un enfant, c'est un plus ou un moins pour un célibataire, bordel ? » sur Google), je ne suis absolument pas en mesure de dire clairement si être parent célibataire est un frein ou non pour quiconque espère encore faire un jour partie d'un couple.

Rectificatif.

Je ne suis absolument pas en mesure de dire clairement si être *mère célibataire* est un frein ou non pour une femme qui espère encore faire, un jour, partie d'un couple. Parce que, pour les papas, on sait. Je déteste l'idée de participer à un poncif, mais c'est la pure vérité.

Un papa célibataire est un appeau à meufs (ou à mecs). Le monde de la baisabilité masculine se divise même en deux parties : les hommes sexy et les papas célibataires. Si vous êtes un papa célibataire sexy, vous pouvez solliciter l'aide d'un aiguilleur du ciel pour mettre un peu d'ordre dans la file de meufs qui vous tombe droit dessus dans le seul but de s'empaler directement sur votre pénis.

Il suffit de regarder la production cinématographique pour s'en convaincre. Mettez Benoît Magimel, ou n'importe quel acteur français avec un léger embonpoint dans un film, collez-le dans une maison en Bretagne avec ses filles dont la maman est décédée, faites-le boire le soir tard dans sa longère (parce que, comprenez-le, c'est si dur d'élever des enfants seul), prévoyez quelques scènes où Benoît Magimel sera un papa tout pourri, voire maltraitant, *mais* qui a des fêlures. Eh ben, l'intégralité du public féminin passera le film la tête penchée sur le côté en se disant que, « quand même, si c'est pas touchant ce père Courage qui verse tout seul des Frosties dans les bols bretons de ses fillettes, dans le petit matin morne des plaines armoricaines… Ah tiens, je m'empalerais bien sur son pénis ».

Voilà. Un papa célibataire (qu'il soit veuf, séparé, divorcé, ou qu'il ait lui-même enterré la femme sous la véranda), c'est SEXY.

Autre exemple : prenez un papa, mettez-lui une poussette entre les mains et placez-le au-dessus d'un escalier interminable d'une station de métro. Patientez moins de trente secondes et vous verrez s'abattre sur lui une nuée de meufs qui s'empressera de l'aider à descendre ladite poussette en faisant des gouzi-gouzi au gosse, et en adressant des regards de connivence au papa.

Prenez une meuf, collez-lui l'intégralité de la descendance Pitt-Jolie dans une Bugaboo. Dans le meilleur des cas, un cadre dynamique viendra l'aider à porter la poussette en lui adressant des regards sous-entendant qu'elle ferait mieux de rester à la maison à tirer son lait, plutôt que de faire chier le monde avec sa poussette aux heures de pointe.

Vous ne me croyez toujours pas ? Allez dans un square parisien le samedi matin, vers 9 heures. Repérez les hommes présents sur les bancs. C'est facile, y en a deux : un SDF allongé, recouvert de cinq exemplaires du *20 minutes* ET un jeune papa au pied du toboggan pour réceptionner sa progéniture. Eh bien, j'ai vu de mes propres yeux des meufs encourageant leur propre gosse à aller jouer avec l'enfant du papa du toboggan dans le seul but de pouvoir engager la conversation avec lui et, pourquoi pas, s'empaler sur son pénis. À l'inverse, vous pouvez être une maman et vous vider de votre sang sous la balancoire, personne n'appellera le 17.

Bref, dans l'immense majorité des cas, le papa célibataire ne rebutera jamais personne. Un papa célibataire n'aura jamais à cacher le fait qu'il est papa : il pourra, dès le premier rendez-vous, annoncer qu'il accueille son enfant un week-end sur deux, la moitié des vacances… et qu'il a des fêlures.

La mère célibataire, elle, devra longuement débattre avec elle-même avant de décider si elle peut décemment cacher l'existence de ses enfants jusqu'à la majorité de ces derniers, quitte à les enfermer dans leur chambre avec un mini-frigo, un bac à litière et le DVD de *La Reine des neiges* à chaque fois que sa conquête passera la voir chez elle.

C'est comme ça qu'à l'époque où je pensais encore benoîtement que j'étais destinée à vivre en couple, je prenais mille précautions avant de dire que j'étais maman quand je rencontrais un mâle.

« Et sinon, tu fais quoi dans la vie ? T'as des enfants ?

Si si il est à moi ce dvd de la reine des neiges !

– Ça dépend… Qu'est-ce que tu entends par enfant ? Nan, je dis ça parce que, de nos jours, les enfants sont extraordinairement matures pour leur âge. Par exemple, je pourrais avoir une fille de 5 ans, mais elle serait tellement dégourdie que, là, elle partirait en Erasmus pendant un an. En attendant, elle ferait sa vie, tranquillou, dans sa chambre. Et moi, je serais libre comme l'air. Zéro problème de garde, elle s'auto-gérerait. D'ailleurs, hier, elle m'aurait préparé un osso-bucco et, après, elle serait restée dans sa chambre pendant un mois. Du reste, je chercherais pas du tout de deuxième papa pour elle. Elle saurait même pas ce que c'est un papa, hihi. En fait, ce serait un peu comme si j'avais une coloc', quoi… Mais non, j'ai pas d'enfant, non… Et toi ? »

Ne riez pas, ces précautions peuvent s'avérer fort pratiques. Quand j'étais naïve, et que je disais d'emblée que j'avais une fille, que je l'élevais seule, j'avais peu ou prou l'impression d'annoncer que j'avais une jambe de bois sous mon slim. Ce qui m'a inspiré une sorte de test pour savoir quand, et si oui, il faut se présenter comme parent en préliminaires de drague.

Je suggère donc aux femmes (même si j'en ai honte) de tester le degré de résistance de la personne en face d'elles en inventant une situation de handicap ou à risque. Ne dites pas tout de suite « j'ai trois enfants ». Dites « j'ai trois grains de beauté suspects ». Si la personne ne prend pas la fuite, et donc qu'elle paraît éventuellement prête à rester à vos côtés pour la chimio pendant votre cancer de la peau, c'est qu'elle est prête à admettre que vous êtes maman.

Mais n'y allez pas trop fort non plus. Peu de gens acceptent, dès le premier rendez-vous, l'idée de passer le reste de leurs jours avec une personne munie d'un anus artificiel. S'il prend la fuite et que vous le poursuivez en criant « nan, mais en fait, j'ai juste un enfant », il va imaginer une sombre histoire d'épisiotomie mal cicatrisée et ne pas revenir pour autant.

Bien sûr, dans un monde civilisé, une femme ne devrait pas avoir à cacher le fait qu'elle a déjà des enfants. Ça n'est pas censé être une tare. Il n'en demeure pas moins que, même si la personne a accepté l'idée que vous êtes mère, elle gardera une forme de rancune, voire de jalousie. Si, si.

J'ai vécu deux ans avec un mec, que j'ai dû quitter parce qu'il m'a dit un jour que j'aimais plus ma fille que lui et qu'il le vivait très mal. J'aurais pu lui expliquer que ma fille était composée de mon ADN, que je l'avais portée pendant huit mois et demi, qu'elle était sortie de mon vagin, alors qu'avec lui je ne partageais qu'un abonnement Orange, des orgasmes simultanés et une boîte à lettres, et que ça n'était pas tout à fait comparable, mais j'ai préféré prendre mon ADN sous le bras, ma box Orange, et me barrer.

Ensuite, j'ai commis l'erreur fatale en imaginant le syllogisme ultime « mon mec n'avait pas d'enfant et n'a pas supporté de vivre avec la mienne, si je choisis un mec qui a DÉJÀ un enfant, tout sera beaucoup plus simple, non ? ».

GROSSE ERREUR. J'avais négligé un aspect essentiel. Si j'avais espéré de mes mecs qu'ils tolèrent, voire qu'ils aient de l'affection pour un enfant qui n'est pas le leur, j'avais négligé aussi le fait que je ne tolérerais pas forcément un enfant qui n'est pas le mien.

En tant que mère, je pensais aimer tous les enfants du monde, même les gros relous qui écrivent sur les murs à l'encre de nos veines. C'est faux. C'est pas parce qu'on est parent soi-même qu'on peut devenir subitement ambassadeur de l'Unicef et torcher gratos tous les enfants que compte ce monde. Pas plus que les enfants n'ont d'accointances particulières pour les déjà-parents.

Ignorante que j'étais, je me suis donc mise en couple avec B., papa de E., pour laquelle j'avais assez peu d'affection, et qui me le rendait bien. En tout cas, le jour où, en rangeant sa chambre, je suis tombée sur un dessin de moi en train d'être dévorée par un requin avec un uniforme nazi (elle étudiait Anne Frank à l'époque), j'ai pris mon ADN sous le bras, ma box Orange, et je me suis barrée.

Il n'existe donc pas de situation idéale. Il n'existe pas de club secret qui ferait que les papas et mamans séparés auraient donc d'immenses points communs par le seul fait d'avoir, un jour, nettoyé un cordon ombilical putréfié. Pas plus que les non-parents seraient tous rétifs à une histoire d'amour impliquant un enfant.

La vérité, c'est qu'être une mère célibataire offre un certain nombre d'avantages : on ne veut plus se faire féconder par le premier venu, étant donné qu'on a vu ce que ça a donné, et on devient donc plus sélective. Et autant d'inconvénients : lire dans le regard de l'autre, au moment où vous annoncez que vous êtes maman, que vous auriez mieux fait d'avoir un anus artificiel, demeure une expérience assez désagréable. Reste que les enfants font de formidables filtres à sales cons en ce qu'ils sont un peu comme les chiens : ils ne se laissent approcher que de ceux en qui ils ont confiance, Benoît Magimel et le SDF recouvert de *20 minutes*.

Faire la gueule, un droit inaliénable

Quand tu es une femme, que tu es contrariée et que ça se voit, tu as le choix entre deux qualificatifs : soit tu es hystérique, soit tu es chiante.

Notez qu'un homme irrité va avoir droit à toutes sortes d'adjectifs. Un homme fâché peut être ulcéré, offusqué, indigné, choqué, déçu, affligé… ou, mon expression préférée, « vent debout ». Si son agacement se manifeste par de la froideur ou de l'indifférence, on dira alors de lui qu'il est excédé ou « ombrageux ». S'il s'énerve, on dira qu'il est « sanguin ». C'est bien, « sanguin », ça fait plus Vin Diesel dans *Fast and Furious* que Nicolas Dupont-Aignan sur BFM.

Une femme énervée sera, elle, qualifiée d'« agressive ». Si elle est subitement froide ou indifférente, on dégainera alors le « pourquoi tu fais la gueule ? ». Évidemment, on ne manquera pas de ramener cette dernière à sa qualité de détentrice d'une paire de chromosomes X, entièrement déterminée par l'état de ses muqueuses utérines d'un lapidaire « t'as tes règles ou quoi ? ».

Il faut dire qu'il est vrai qu'hommes et femmes peuvent manifester leur mécontement de façon radicalement différente. Un homme énervé peut déclencher l'état d'urgence ou enterrer toute sa famille sous la véranda. Nous, on n'a souvent pas d'autre choix que de faire monter notre voix dans les aigus ou de nous murer dans un silence hostile.

Ce qui peut donner lieu à des conversations assez absurdes :

Lui : Qu'est-ce qu'il y a ?

Moi : Bah, rien.

Lui : Ben si, t'es bizarre.

Moi : Je suis pas bizarre, je lis.

Lui : Ouais, mais tu lis pas comme d'habitude.

Moi : …

Lui : …

Moi : …

Lui : Tu vois, tu fais la gueule.

Moi : Je fais PAS la gueule, j'essaye de me concentrer sur mon bouquin (la voix est, à ce stade, montée d'un cran dans les aigus).

Lui : …

Moi : Et pourquoi je ferais la gueule pour commencer ?

Lui : Je sais pas, à toi de me le dire.

Moi : « Je sais pas, à toi de me le dire » (tentative pathétique d'imitation de la voix de l'homme en couinant, indiquant clairement que : 1) Oui, je fais la gueule ; 2) J'ai douze ans et demi).

Lui : Bah, super, bravo, c'est très constructif.

Moi : …

Lui : …

Moi : …

Lui : …

Moi : … (Mais en tournant bruyamment ma page et en poussant un long soupir excédé – le soupir numéro 3 dans ma liste de soupirs, qu'on pourrait traduire par « connard ».)

Lui : OK. Tu vas avoir tes règles, c'est ça ?

Moi : (Soupir numéro 4 signifiant « j'enterrerais bien ce con sous la véranda ».) Non, je vais pas avoir mes règles et, même si je les avais, ça ferait quoi ?

Lui : J'ai fait quelque chose, alors.

Moi : Non. Justement. T'as rien fait. RIEN.

Lui : Tu vois ! Je le sentais ! Tu m'en veux ! Bon, allez, dis-moi, j'aime pas quand tu fais la gueule.

Moi : … (Évaluant mentalement le temps qu'il me faudrait pour démembrer le corps de ce tocard et l'enterrer entre mes plants de basilic sur le balcon… J'ai pas de véranda.)

Lui : T'es chiante quand tu fais la gueule et que tu ne dis pas pourquoi ! C'est vraiment un truc de meuf, ça. T'as passé une mauvaise journée, c'est ça ?

Moi : Je passais une TRÈS bonne journée jusqu'à ce que tu viennes me poser des questions à la con.

Lui : T'as faim, c'est ça ? Tu fais toujours la gueule quand t'as faim.

Moi : …

Lui : …

Moi : …

Lui : …

Moi : Oui… j'ai faim.

Lui : Ah, tu vois ! Pourquoi tu le dis pas tout de suite !

Moi : Ben, j'le dis, là ! Alors pourquoi tu me fais chier, putain (et que je tourne la page en défoncant la reliure du bouquin) !

Lui : Bah, si y a que ça, viens, on dîne.

Moi : « Bah, si y a que ça, viens, on dîne. » (Re-tentative pathétique d'imitation de la voix de l'homme en couinant.) Mais y a rien à bouffer, connard ! Et c'était ton tour de faire les courses

Lui : …

Moi : …

Lui : T'es vraiment chiante quand tu vas avoir tes règles.

Vingt-cinq minutes plus tard : la tension est retombée, il est allé faire les courses, on a dîné… et, moi, j'ai eu mes règles.

Ça, c'était quand j'étais en couple et que j'avais à demeure une personne sur laquelle exercer mon droit inaliéanable à faire la gueule. Aujourd'hui, évidemment, c'est moins facile. J'ai bien essayé d'entamer un conflit avec mon chat, mais ça marche pas super, et ça implique de donner l'impression que je m'énerve toute seule dans mon appart (et j'ai un énorme vis-à-vis avec mes voisins).

Je profite donc des dîners chez ma mère pour grommeler à table, jouer avec le contenu de mon assiette, bouder, et éventuellement quitter la table en claquant la porte. Ce que ma mère accueille avec un fatalisme insupportable (« de toute façon, on peut jamais rien te dire ») et qu'elle conclut en général par un odieux : « T'es chiante en ce moment, il est vraiment temps que tu trouves un mec. »

La solitudine fra noi[1]
(« La solitude entre nous »)

Il est des activités dont la société contemporaine ne tolère pas qu'on ne les accomplisse pas en groupe ou au moins à deux.

Il est ainsi quasi interdit :

– d'aller au cinéma seul(e) (si on n'est pas critique ciné pour *Les Inrocks*) ;

– d'aller au restaurant seul(e) (si on n'est pas critique bouffe pour le Fooding) ;

– d'aller à un concert seul(e) (si on n'est pas critique musique pour *Les Inrocks*) ;

– de boire seul(e) chez soi (si on n'est pas mixologue) ;

– d'aller au musée seul(e) (si on n'est pas au chômage) ;

– de partir en voyage seul(e) dans un pays lointain (si on a plus de 20 ans, les cheveux propres, et qu'on n'envisage pas de finir impliqué(e) dans une sombre affaire de traite des Blanches).

Autant de passe-temps auxquels je me consacre avec enthousiasme depuis que je vis seule. Hormis

1. *La Solitudine,* Laura Pausini, Warner, 1993. https://www.youtube.com/watch?v=FpOEN93LX-E

peut-être le fait de partir en voyage. J'aime disposer d'un être humain à mes côtés pour pouvoir lui broyer les phalanges pendant les turbulences dans l'avion et lui réciter mes dernières volontés (genre, ne pas mourir). Par ailleurs, on se fait déjà suffisamment chier sur la plage sans, en plus, se priver du plaisir de gueuler à quelqu'un depuis le rivage : « Elle est froide, mais une fois dedans, elle est bonne. »

Pour tout le reste, je m'y adonne avec plaisir. Je considère même désormais que voir un film ou bouffer seule est autrement plus plaisant qu'avec de la compagnie, même réduite.

Le cinéma

Il faut déjà noter l'indicible joie que procure le fait de ne pas avoir à débattre des plombes du film à voir. Tu veux mater un Desplechin en te curant le nez peinardos quand l'autre veut te forcer à te farcir *Avengers 4*. S'ensuivent des heures de pugilat et, au moment où vous avez décidé, les séances pour Desplechin et *Avengers* sont passées, et vous finissez par aller voir le seul film encore dispo en salles (neuf fois sur dix, un truc avec Marion Cotillard qui meurt à la fin ou perd des membres inférieurs). Si tu vas au ciné seule, il te suffit de te délester de 12 balles (une paille), de te couler dans le fauteuil de n'importe quelle salle diffusant un long-métrage à peu près correct, de déboutonner ton jean, et de te laisser aller à un plaisir coupable : arriver à temps pour regarder TOUTES les pubs ET TOUTES les bandes-annonces. Tandis que en compagnie d'autrui, tu es forcée de te la jouer cinéphile, d'arriver pile pour le générique, de ne pas acheter de glace Magnum double chocolat, « parce que ça fait plouc », et de pester contre les pubs pour le Crédit lyonnais, juste avant le dernier Ken Loach.

Pendant la séance, quand tu es seule, pas besoin de te soucier de ton voisin, de vérifier qu'il passe un bon moment, de tousser quand tes intestins gargouillent pour couvrir le bruit, de prendre l'air concentré, de te tortiller sur ton siège pendant les scènes de cul, qui, même à 38 ans révolus, restent un moment de gêne, comme quand tu regardais *Angélique, Marquise des Anges* à Noël avec tes parents, et que tout le monde était archi mal à l'aise sur le canap quand Angélique se fait besogner (ce qui arrive assez fréquemment pour un film estampillé « famille »).

À la sortie du ciné, pas besoin non plus de céder à cette insupportable tradition consistant à débriefer, et à se la jouer *Cahiers du cinéma* (« c'est un film coup de poing, il est dense, mais il comporte quelques longueurs »). Seule, tu peux te casser de la salle dès le début du générique de fin (parce qu'en vrai, tout le monde s'en branle, du nom de la costumière), passer chez McDo te prendre un wrap poulet à emporter, rentrer chez toi et ne pas avoir à faire semblant d'avoir un avis.

Le restaurant

Avant, je pensais que les rares personnes suffisamment à l'aise pour s'attabler seules au restaurant étaient des commerciaux en robinetterie et qu'elles n'avaient pas le choix. C'était ça, ou un taboulé tout seul dans son appart-hôtel.

GROSSE ERREUR. Déjeuner seul au restaurant est un pur bonheur reservé à une poignée d'initiés. C'est surtout un gage de maturité, la preuve qu'on se considère suffisament adulte pour assumer de manger seul au vu de tous. Bouffer seul au resto, c'est un peu arrêter de rentrer le ventre pendant un rendez-vous chez le médecin ou de mentir sur son âge : on est un adulte, et on se fout du regard des autres. Y compris celui de la serveuse qui insiste lourdement (« Je retire le deuxième couvert, vous serez toute seule ? – Oui, et retire-moi aussi ce petit air tristoune, connasse, j'ai besoin d'une table pour une personne, pas d'un don de moelle osseuse »).

Manger seule est aussi l'occasion de bouffer au resto en n'ayant pas à surveiller le contenu de son assiette. Pas besoin de se la jouer « Mélanie Laurent au régime », lequel rôle consiste à commander un plat pauvre en féculents, à triturer son assiette en

Carte des vins
Rouge
11€
12€
Blanc
15€
16€
Rosé
13€
12€
MENU
15€ P+D

prenant un air vaguement mélancolique et torturé, tout en jetant régulièrement ses cheveux d’unc épaule sur l’autre.

Toute seule, tu peux commander un burger paysan (double steak, andouille, reblochon, oignons, mortadelle), redemander une corbeille de pain, ne pas reposer tes couverts entre chaque bouchée, et en avoir strictement rien à foutre de l’image que ça donne de toi. Personnellement, je profite parfois de mes déjeuners en solo pour m’attabler dans un restaurant de la honte (Bistro romain, Hippopotamus, Quick, japonais à volonté) parce que, précisément, les gens s’y contrefoutent de la gueule qu’aurait leur assiette sur Instagram. Du moment qu’il y a du manger dedans.

Le concert

OK, je ne vais plus très souvent au concert, pas plus seule qu'accompagnée. J'aimerais dire que c'est parce que la scène musicale underground a baissé en qualité et que les meilleures salles sont à Berlin, gnagnagna… En vrai, c'est juste parce que j'ai des acouphènes et que je ne supporte plus la musique trop forte. Il n'est même pas tout à fait exclu que j'aie un jour prononcé la phrase « oh, c'est pas bientôt fini, ce boum-boum ».

J'ai aussi un léger problème de circulation sanguine, qui me rend la station debout assez pénible.

MON DIEU. Je suis grabataire.

Du coup, quand je décide quand même d'aller voir l'un de mes groupes préférés en concert, je porte des bouchons d'oreilles, j'ai pris un billet en place assise et je retire mes chaussures pour soulager ma voûte plantaire. Pour être tout à fait honnête, j'ai même déjà apporté une Pom'Potes à un concert pour ne pas avoir le ventre vide passé 21 heures. Je n'ai trouvé personne de suffisamment vieux dans son corps et dans sa tête pour accepter de telles conditions et, ma foi, on s'accomode tout à fait de ne pas avoir à assister à un concert avec une copine qui va te gueuler dans l'oreille « c'est ma préfé-réééééééééééeee » à chaque chanson et renverscr sa bière sur tes pompes neuves.

Boire seule

Vous avez remarqué ? Quand quelqu'un s'inquiète publiquement d'avoir peut-être un problème de consommation d'alcool parce qu'il pense picoler un peu trop, il y aura toujours quelqu'un pour le rassurer en lui rétorquant : « Nan, mais tant que tu bois pas seule, ça craint rien. »

Bon ben, ce quelqu'un, ce sera pas moi, parce que, pendant ce temps, je suis chez moi, seuletoute, en train de me préparer un ti'punch avec mon mini-shaker pour une personne. C'est agaçant, d'ailleurs, cette façon de considérer que tu n'es pas une poche à gnôle si tu bois comme un trou mais avec de la compagnie, mais que tu devrais consulter un addictologue si tu bois ton sauvignon, tranquille chez toi, après le taf, face à la télé. Pour le vérifier, tapez « boire seule chez soi » dans Google, les premiers résultats sont :

– alcool info service ;

– le forum jeux-video.com avec la question « boire seul chez soi = triste ? » ;

– le forum du magazine *Psychologies* et le témoignage « je bois seule... je me fais peur ».

Collez-nous direct une vidéo tuto pour réussir un nœud coulant, ça ira plus vite.

D'autant que c'est faux. Boire seule chez soi peut être tout à fait plaisant, voire festif.

Bon, peut-être pas festif. Vous m'imaginez déjà toute seule chez moi, fin bourrée, en train d'exécuter pathétiquement la choré du groupe Las Ketchup, avec la tête dans le cubi.

Disons juste plaisant. Et nettement moins horripilant qu'une terrasse parisienne bondée.

Pas de serveur odieux qui fait semblant de pas te voir. Pas de vin blanc dégueulasse à 10 balles. Pas de voisins de table insupportables.

Bien sûr, on peut convier des amis à venir boire des coups chez soi, mais, logistiquement, c'est super-galère. Ça implique d'avoir à acheter les boissons préférées de chacun (je suis vieille, donc un peu radine), de prévoir des trucs à manger pour les gens pénibles qui ne supportent pas d'avoir le ventre vide (et leur proposer une Pom'Potes reste peu envisageable). Il faut aussi faire en sorte que ton intérieur soit présentable et faire un brin de ménage. À ce rythme-là, il est déjà 20 h 30. Comme je me couche aux alentours de 21 h 30, ça veut dire que j'ai à peine le temps de déboucher un bordeaux, de verser trois Tuc bacon dans un ramequin, que je dois déjà mettre tout ce petit monde dehors.

Franchement, pourquoi s'infliger ça, alors qu'on peut siroter son (ses) cocktail(s) à la maison à 19 h 30 tranquillou. Et se coucher juste assez bourrée pour bien dormir, pas non plus au point d'envoyer un texto de la honte à son ex ou se coucher sans se démaquiller. Et se réveiller avec du mascara sur les joues et zéro réponse de l'ex en question.

Le musée

Bon. OK. Je vais pas au musée. Quoique. Une fois, j'étais bourrée après un déjeuner toute seule, y avait rien au ciné, alors je me suis fait une expo, comme ça, au hasard. Et j'ai passé un super-moment. J'ai même croisé un critique des *Inrocks* mixologue au chômage.

Le panier de la ménagère

On va pas se mentir, ça met une sacrée claque, le jour où tu réalises que tu es devenue une « ménagère de moins de 50 ans ». Même si ça veut dire que oui, ouf, tu les as pas encore, les 50 ans. Et même si c'est une dénomination de marketeux qui vise qu'à te revendre du crédit *revolving* et de l'eau riche en magnésium, y a quand même un moment précis où tu piges que c'est à toi qu'elle parle, là, la pub pour les canapés Châteaux d'Ax. Que, chez Publicis, y a trois connards en Stan Smith qui ont estimé que tu rentrais pile dans la catégorie des « meufs qui passent plus de temps chez Franprix que chez Body'minute[1] » et que c'est bien à toi qu'on va tenter de refourguer un extracteur de jus, des sacs pour aspirateur et du café en dosettes.

Faut dire que si t'es une meuf, t'as déjà fait une grosse partie du chemin, les femmes étant responsables de 80 % des achats du foyer, il paraît. Si tu es célib', que tu vis seule avec ton gosse et ton chat, et qu'il y a peu de chances pour que l'un des deux se bouge le cul pour acheter des croquettes et

1. Voir aussi page 129 « La Chaîne parlementaire, Body'minute, ou le syndrome du désert sexuel ».

des Pom'Potes, tu deviens donc responsable de... (insérer ici la petit musique de la bouboule noire de Motus[1])... 100 % des achats du foyer ! Bingo. Dans la tête du marketeux, tu as un petit Caddie à roulettes greffé au bout de la main et un panneau « VENDEZ-MOI DES TRUCS » cloué dans le dos. Mais, attention, on n'est pas des chiens chez Publicis, désormais, on dit plus trop « ménagère de moins de 50 ans ». Dans *L'Art du marketing to women*[2] (qui ne va visiblement pas concourir pour le prix de la Francophonie), la directrice du site Aufeminin.com rassure toutes celles qui auraient l'impression que, puisque c'est elles qui sont de corvée de courses, on va leur causer comme à Yvonne de Gaulle :

« Il y a eu un vrai changement à partir des années 1990, où les femmes représentaient 58 % des diplômés. Puis, à partir des années 2000, avec l'explosion de la cellule familiale et le développement des familles monoparentales, il est devenu plus difficile de faire référence à la ménagère qui ne travaille pas ou qui prépare à manger à son mari et à ses enfants. »

Du coup, comme la cellule familiale fait rien que se casser la gueule, et que des femmes ont désormais leur bac, ils ne peuvent décemment plus s'adresser à elles comme si elles battaient encore leur linge au lavoir. Alors, le marketeux, il a eu une idée géniale. Il a pondu une étude intitulée « Comment parler aux

1. https://www.youtube.com/watch?v=y_sG_lPgMvk
2. Marie-Laure Sauty de Chalon et Benjamin Smadja, *L'Art du marketing to women. On a assassiné la ménagère !*, Éditions Dunod, 2014.

femmes en 2015[1] », à quoi on est tentée de rétorquer « réfléchis bien avant de répondre, je sens que tu vas dire une connerie », dans laquelle ont été définis douze profils qui affinent et modernisent le concept de la « ménagère de moins de 50 ans ».

Accroche-toi à ton Caddie à roulettes, chère lectrice. Les modèles à cibler sont (insérer à nouveau la petite musique de la bouboule noire de Motus) :

– la femme fatale ;
– l'amazone femme de pouvoir ;
– la rigolote ;
– l'adepte de la zen attitude ;
– l'aventurière ;
– l'alternative ;
– l'intello ;
– la femme libre provocatrice ;
– la créative énergique.

Oui, je sais, il en manque, je n'ai pas trouvé les trois derniers, mais à ce stade on peut imaginer qu'ils ont piqué ça dans les résultats d'un test de personnalité d'un vieux *Biba* de 1996, « Quelle femme êtes-vous ? », ou d'un quiz « Quelle *woman* es-tu ? » sur n'importe quel site féminin. Alors, on n'a qu'à dire que les trois autres, c'est « la coquine », « l'impatiente » et « l'insouciante ». Oui, comme dans un film porno. Ou dans *Totally Spies* sur Gulli (mais c'est encore un autre débat).

1. « Comment parler aux femmes en 2015 », cabinet de conseil en développement de marque et insight marketing Kantar Added Value (Groupe WPP). https://fr.kantar.com/opinion-publique/societe/2015/comment-parler-aux-femmes-en-2015/

Ce que j'aimerais comprendre, c'est ce qu'on va donc tenter de refourguer aux femmes de telle ou telle catégorie, sans les essentialiser et tomber dans le stéréotype.

Même si, quand tu utilises des mots comme « amazone de pouvoir » et « intello », on se doute bien que l'entreprise va avoir la finesse et la profondeur du *stand-upeur* qui commence ses sketchs par « je sais pas si vous avez remarqué ? » (note de service aux mecs qui font du stand-up : OUI, on avait remarqué).

Le hic, c'est que, moi, je ne me retrouve dans aucune de ces catégories. Même si je préférerais quand même qu'on me mette dans la catégorie « femme fatale » plutôt que dans la colonne « rigolote ». En vertu de la règle qui veut que, quand un tiers te définit comme rigolote, c'est une manière sympa de te dire que t'es à moitié cinglée. Par exemple, Marion Cotillard est une femme fatale (avec un évident problème de déviation de la cloison nasale, mais fatale quand même). Julie Depardieu est rigolote.

Je rentre clairement pas non plus dans la catégorie « aventurière ». La dernière fois que j'ai mis les pieds dans une boutique Le Vieux Campeur, c'était pour acheter une lampe frontale super-pratique pour me désobstruer les points noirs et pisser la nuit sans réveiller l'Enfant personnel.

Bon ben, l'« amazone femme de pouvoir », ce n'est pas moi non plus. Même les stagiaires d'observation de 3e ont réussi à gratter des Tickets-Restaurant, alors que ça fait cinq ans que je m'excuse encore de percevoir un salaire. Quant à la « créative énergique », c'est évidemment une mère au foyer qui tente de lutter contre la dépression en tenant un blog de Do It Yourself (DIY), et l'alternative, une mère au foyer hippie, qui a cessé de lutter contre la dépression et est partie s'installer dans la Zone à défendre de Sivens, au fin fond du Tarn.

Mais enfin, même si je fais la maligne, je suis bien obligée de constater que, quelle que soit la manière dont Publicis nous considère, moi et mes congénères post-trentenaires affublées d'une carte à débit différé et d'un frigo deux portes, le contenu de mon Caddie à roulettes a pris un sacré coup. Déjà, J'AI un Caddie à roulettes, ce qui est un signe fort en termes de « Ô vieillesse ennemie[1] ! » Qu'ai-je donc fait de ma jeunesse ?

Dans ta fringante vingtaine, tes courses du samedi se résumaient à l'achat d'un pack de bières, de pâtes cuisson trois minutes, et d'un rouge à lèvres effet mat. Tu peux considérer que tu es vraiment passée de l'autre côté quand la pharmacienne à qui tu te plaignais d'être « un peu fatiguée en ce moment » t'a refilé du Bion3 Senior (la pouffe). Que tu fais tes pâtes toi-même avec ta machine à pâtes soldée chez Darty à l'occasion de la Journée des droits des femmes le 8 mars. Et que tu sais parfaitement distinguer un panais d'un topinambour quand tu vas chercher ton panier à l'AMAP le samedi matin à l'aube (car tu es réveillée à 6 h 45, comme en maison de retraite et pour les patients sous dialyse).

La bonne nouvelle, c'est qu'après avoir acheté tes petits légumes oubliés comme la vieille personne que

1. Corneille, *Le Cid*, monologue de Don Diègue, acte I, scène 4.

tu es devenue, lesdits légumes vont finir leur voyage dans l'oubli en pourrissant dans le bac à légumes. Comme une punk. Et comme quand tu étais jeune, insouciante et titulaire d'une Visa électron et que tu laissais moisir la seule tomate que tu avais achetée. Ton petit côté « insouciante », sans doute.

Les baby-sitters

Je n'ai jamais compris pourquoi il n'existait pas davantage de films d'horreur impliquant des baby-sitters. Des films avec des poupées tueuses et des clowns maléfiques planqués dans des bouches d'égout, ça oui, on en a bouffé, mais le cinéma a insuffisamment exploité le potentiel terrifant et dramatique résidant dans le fait de confier la chair de sa chair à un(e) parfait(e) inconnu(e). Perso, je serais tueuse en série, satanique, ou simplement dingo, je me ferais pas chier à louer un van en quête d'un gosse à jeter dans la Vologne, je m'inscrirais direct sur Babybébésitter.com. Officiellement, le site qui permet de « trouver une nounou près de chez vous », officieusement, le site dédié à ceux qui ont envie de sortir se la coller ou d'aller voir *La La Land* au cinéma et qui sont prêts à confier les gosses au premier venu, pour peu qu'il ait les prérequis nécessaires : à savoir, un prénom.

Personne ne s'en vante, mais on a tous prévenu nos enfants un vendredi à 19 heures que maman n'allait pas les coucher ce soir, mais que Mélanie, la nounou, allait venir les faire dîner, raconter l'histoire et les coucher. Sans que l'on sache le nom de famille de Mélanie, son CV, son cursus, ni même si elle est détentrice d'un bracelet électronique. Bien sûr, il existe des parents qui font passer de vrais entretiens d'embauche aux baby-sitters, en leur demandant leurs références, leur expérience, voire en leur posant des questions-pièges du type : « Ma fille est allergique à l'arachide, mais a ingéré des cacahuètes, que faites-vous ? »

Lesquelles baby-sitters, pour peu qu'elles soient pas trop connes et soient tombées un jour sur un épisode d'*Appels d'urgence* sur NT1, vont répondre qu'elles vont mettre le gosse en position latérale de sécurité et appeler les urgences. Aucune baby-sitter ne dira jamais la vérité : « Je vais paniquer, vous appeler sur votre téléphone qui est en mode avion parce que vous êtes au cinéma en train de regarder *La La Land*, et faire un snap de votre gosse subclaquant avec des émojis smiley qui pleurent. » Ou pire, qu'elle a TROP regardé *Appels d'urgence* et va donc pratiquer une trachéo avec un stylo-bille sur l'enfant.

La vérité, c'est que, si les premières années de nos enfants, on va être un peu vigilants, quitte à installer un doudou doté d'une caméra espion quand le gosse est gardé par une nounou et vérifier que le niveau de la bouteille de blanc dans le frigo n'a pas baissé, ces précautions d'usage vont s'amenuiser avec le temps, et on finit tous par posséder dans nos répertoires des numéros de baby-sitters, refourgués par de vagues connaissances, et dont on ne sait rien, si ce n'est qu'elles sont généralement dispo et que 10 euros de l'heure leur semblent tout à fait convenable pour garder un enfant le soir. D'ailleurs, on peut se demander à quel moment ça a paru normal à tout le monde que l'on paye 10 euros de l'heure une personne pour qu'elle fasse ce qu'on fait gratos le reste du temps. Sans compter que, moi, la plupart du temps, je rentre trop bourrée pour compter sur mes doigts le bon nombre d'heures dues et je découvre, le lendemain matin, au fond de mon sac, un reçu de retrait au distributeur automatique indiquant que j'ai retiré et donc filé 120 euros à la baby-sitter. Pour avoir passé trois heures à vider mon frigo et bouquiné mes vieux *Elle*, en vérifiant vite fait que l'enfant est pas en train de faire un œdème de Quincke avec des Curly.

J'ai moi-même été baby-sitter de mes 16 à 21 ans et, aujourd'hui encore, je me demande comment des parents on pu me confier la garde de leur enfant, alors qu'honnêtement c'était déjà un exploit que je sois moi-même restée en vie jusqu'à cet âge-là. Mais maintenant que je suis passée de l'autre côté, je refile moi-même ma gosse à des étudiantes en arts plastiques presque sans m'inquiéter. Pire, les rôles vont totalement s'inverser et je vais moi-même avoir peur de me faire engueuler par la baby-sitter si j'ai dix minutes de retard ou préparé une moussaka alors qu'elle est végétarienne.

Parce que la baby-sitter est parfaitement consciente du pouvoir qu'elle exerce sur le parent en dèche de vie sociale, elle sait que, sans elle, tu peux dire adieu aux ciné, resto, dîner ou charrette de taf. Et que tu vas donc être assez peu regardante sur ses qualités en puériculture. Ça se ressent dès la première rencontre où, presque sans t'en rendre compte, tu vas agir comme si c'était toi qui passais un entretien d'embauche. Tu vas d'abord survendre ton gosse et oublier que tu es en train d'embaucher une nounou, pas de vendre ton appart.

« Vous verrez, Matteo est très dégourdi, il n'a presque pas besoin d'un adulte, vous ne vous rendrez même pas compte qu'il est là. Sinon, j'ai la fibre, une machine à café Nespresso, une baignoire à jets, 235 chaînes. Je paye 10 euros de l'heure, mais je prépare le dîner et paye le taxi de retour, le gosse est lavé, en pyjama, il faut juste lui réchauffer son repas, sinon, c'est pas grave, faites-le manger froid, ça le dérange pas, allez, je vous aime bien, je vous paye 15 euros de l'heure… Alors, vous le prenez ? »

C'est comme ça que, le jour où tu dois sortir, tu vas passer plus de temps à préparer le gosse, la bouffe, et à faire couler un bain à l'étudiante en arts plastiques qu'à te préparer toi-même. La baby-sitter va arriver à la bourre, sentant la beuh, et, sans un mot d'excuse, s'affaler sur ton canapé en te souhaitant une bonne soirée pendant que le gosse bouffe ses coquillettes froides. Ça, c'est dans le cas où tu as embauché une branleuse. Mais, pire que la baby-sitter qui en fout pas une, il y a la baby-sitter qui te juge.

À l'inverse de l'étudiante en arts plastiques joueuse de diabolo à ses heures perdues, la baby-sitter qui te juge a une vie très ordonnée. Élevée dans une famille catho, elle s'est occupée de ses neuf frères et sœurs, a un brevet de secourisme, un BAFA, et fait des baby-sittings pour financer ses études de médecine, parce qu'elle veut devenir pédiatre, ou vétérinaire. Elle vit avec Jean-Eudes, lui-même étudiant en urologie, elle veut cinq enfants, ne fume pas, ne boit pas. Quand elle arrive chez toi pour garder ton gosse, c'est comme si ta mère débarquait à l'improviste. Tu sais qu'elle va trouver que ton gamin est mal élevé, ton appart pas nickel, que t'as mauvaise mine, que tu fumes trop, que tu sors trop. Elle va alors employer un vocabulaire passif-agressif pour pointer quelle mère déplorable tu fais.

– Ah, Matteo mange encore des pâtes ce soir ?

– Vous permettez que j'aère un peu ?

– Je me suis permis de nettoyer vos interrupteurs pendant que vous étiez sortie.

– Ah, vous sortez encore ? Un soir de semaine ?

– Vous avez renouvelé votre Carte vitale ?

Bon, ok, la dernière, c'est ma mère, pas la baby-sitter qui juge, mais je mettrais ma main à couper qu'elle SAIT que j'ai pas payé mon tiers provisonnel et que je me suis couchée sans me démaquiller hier soir. Vous voulez savoir si vous vous apprêtez à embaucher une baby-sitter qui juge ? J'ai une astuce pour les repérer : elles se déchaussent quand elles arrivent sans qu'on ait rien demandé, ont du gel anti-hydroalcoolique et un *Témoignage chrétien* qui dépasse du sac à main.

Mais la vraie plaie, c'est évidemment la baby-sitter qui n'est jamais là quand on a besoin d'elle. Elle met quarante-huit heures minimum à répondre à un texto, peut venir garder l'enfant mais que jusqu'à 22 heures parce qu'après elle a un vernissage, et le week-end prochain, elle est pas là, elle part à Barcelone. D'ailleurs, elle sait pas si elle sera dispo l'année prochaine, elle part peut-être faire un road-trip en Nouvelle-Zélande. En dehors du fait qu'on ne peut jamais compter sur elle, la baby-sitter jamais dispo a ceci de désagréable qu'elle te donne l'impression d'avoir une vie 1 000 fois plus excitante que la tienne. Moi, à 22 ans, je n'étais jamais allée plus loin que Brest et suppliais les parents à genoux pour qu'ils me confient leur progéniture. Elle, elle te fait une faveur quand elle garde tes gosses entre deux avions et deux vernissages.

J'ai bien sûr tenté les baby-sitters garçons, dans l'espoir que, peut-être, les mâles étant plus rares sur ce créneau, ils seraient moins chiants. Grosse erreur, le premier a oublié de chercher la gosse à la crèche parce qu'il était, je le cite, « en descente de MDMA » ; je soupçonne le second d'avoir téléchargé du porno avec mes identifiants wi-fi.

Évidemment, il y a toujours plus grave : les parents qui sont rentrés chez eux pour découvrir leurs enfants égorgés par la nounou, comme le raconte Leïla Slimani dans *Chanson douce*[1]. C'est sûr qu'on est à un autre niveau de tracas domestique, hein. Mais, à bien y regarder, il est surtout étonnant de ne pas compter plus de faits divers où ce sont les parents qui auraient égorgé la baby-sitter.

---

1. Gallimard, 2017.

Maqué comme jamais
(jamais, maqué comme jamais)

Vous vous souvenez, aux débuts de Facebook, quand on a découvert les statuts « en couple », « célibataire », « *it's complicated* » ? Grands cons que nous sommes, on s'est dit qu'on allait enfin y voir plus clair. Que, comme les élus sont désormais contraints de rendre public leur patrimoine, les hommes et les femmes allaient eux aussi la jouer transparents et dire, d'emblée, si oui ou non ils sont sur le marché.

Bon, ben. Comme il fallait s'en douter, c'était une belle carotte. Les élus continuent à trafiquer leur déclaration de patrimoine pour planquer une longère évaluée à 1,5 million d'euros. Et les gens continuent à planquer leur partenaire et leurs trois gosses. D'abord, Facebook ne vient pas vérifier chez vous si vous êtes bien « *single* », donc n'importe quel connard peut se créer un faux profil en cachette de sa meuf, dans lequel il se déclarerait totalement dispo et lâcher des commentaires de type « salut la misssss » sous les photos de toutes les meufs de sa *friends list* en espérant, comme le chalutage en eaux profondes, draguer un truc dans ses filets. Ensuite, les gens qui se déclarent ouvertement « en couple », voire « en couple avec machin », sur Facebook, ne sont pas nécessairement beaucoup plus clairs que ça. J'ai personnellement connu un mec qui précisait bien sur son compte qu'il était marié, et qui était néanmoins l'heureux porteur sain de quatre MST différentes. Il faut aussi compter avec les gens un peu prompts à se déclarer « *in a relationship* ». En couple.

Ma copine Fleur, elle, se met par exemple « en couple » à chaque fois qu'un mec la complimente (ouvriers du bâtiment compris). À l'inverse, ma copine Alexandra, mariée, deux enfants, un emprunt sur vingt-cinq ans, persiste à indiquer sur sa page qu'elle est « *single* », célibataire, alors qu'elle est tellement maquée que la Manif pour tous a hésité à floquer ses tee-shirts avec une photo de sa gueule.

Quant au statut « *it's complicated* », il veut dire à peu près tout :

– « c'est compliqué », parce que j'ai 35 ans et suis encore vierge ;

– « c'est compliqué », parce que j'entretiens une relation à longue distance et que j'ai plus souvent des dépassements de forfait téléphonique que d'orgasmes ou de dîners en amoureux ;

– « c'est compliqué », parce que je suis amish ;

– « c'est compliqué », parce que je suis en instance de divorce ;

– « c'est compliqué », parce que je suis en cavale et que ma photo est épinglée dans tous les commissariats de France ;

– « c'est compliqué », parce que je viens d'envoyer 10 000 euros à une meuf rencontrée sur Internet pour qu'elle me rejoigne et j'ai pas de nouvelles. Oh, et elle s'appelle Tatiana, elle est russe, elle a 30 ans (SPOILER : il s'appelle Syla, il est nigérian, il a 18 ans, et il a tes 10 000 euros) ;

– « c'est compliqué », parce que je suis Georges-Alain de la « Star'Ac 2 ».

Bref, loin de nous simplifier les choses, Facebook n'a fait que bordeliser encore un peu plus le truc. Et c'est comme ça que, après avoir juré pendant quinze ans : « Moi, les mecs maqués, jamais ! », bah, j'ai eu une histoire avec un mec maqué. Faut dire que j'ai aussi dit pendant quinze ans : « Moi, quand j'aurai des enfants, ils regarderont pas la télé », bah, maintenant, ma télé est bloquée sur « Debout les zouzous » et ma fille est tellement calée en téloche qu'elle pourrait nous raccorder à la fibre en fermant les yeux.

Évidemment, ce n'était pas prémédité. Personne ne se lève le matin en se disant : « Tiens, et si j'avais une histoire avec un mec maqué, comme ça, il répondra jamais à mes textos, il ne me tiendra pas la main en public, et il m'enregistrera sous le nom de "Jean-Michel" dans son répertoire téléphonique ». Et qu'il se démerde pour expliquer à son officielle pourquoi Jean-Michel lui a envoyé « envie 2toi tu fé koi ? » à 1 heure du matin. J'ai juste rencontré un mec sur Facebook, et il se trouve que le mec en question est en couple.

Je suis pas si con, et puis, j'ai vu des tas de comédies romantiques avec Jennifer Aniston, donc je sais bien qu'un mec maqué ne quitte jamais sa meuf pour sa maîtresse. D'ailleurs, j'en ai même pas forcément envie. Reste qu'entretenir une relation avec un mec maqué comporte un certain nombre d'inconvénients.

Prenez Facebook. Si, comme moi, vous êtes amie avec le mec maqué, vous serez alors victime de ce que j'appelle le syndrome « New York Unité spéciale ». Parce que vous passerez des heures à disséquer son fil Facebook et celui de sa meuf à la recherche de preuves irréfutables.

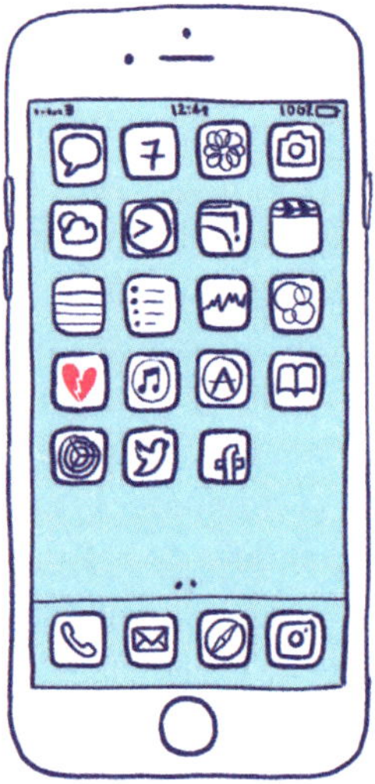

« Nan mais, là, ça se voit qu'il est pas heureux. »

« Ça fait longtemps qu'il a pas tagué sa meuf, non ? Doit y avoir de l'eau dans le gaz. »

« Elle a un gros cul sur cette photo, non ? »

« Il m'a dit qu'il avait une soirée avec des potes, mais sa copine s'est géoloc au même endroit. Mystèèèèèèèère. »

À l'inverse, vous prendrez également grand soin de ce que vous donnez à voir sur votre Facebook, auquel il a accès, donc. Par exemple, vous changez régulièrement de photo de profil pour qu'il puisse constater à quel point vous êtes beeeeelle. En toutes situations :

– Une photo mystérieuse, regard en coin, moue boudeuse.

– Une photo joyeuse sur laquelle vous riez aux éclats avec plombages et dent creuse apparents.

– Une photo « je ne me prends pas au sérieux », avec un truc con sur la tête (perruque, chapeau pointu, casque à pointe).

– Une photo « je connais du monde, moi », où vous posez avec une personnalité, par exemple. NB : les ex-miss France, Julien Lepers et Jean-Vincent Placé, ça ne compte pas.

– Une photo « j'ai un bac littéraire » avec, par exemple, une citation de Camus ou de Simone de Beauvoir. Il n'est pas obligé de savoir que le dernier livre que vous avez lu en entier c'est *La femme parfaite est une connasse !*[1].

Il s'agit également de lui laisser entendre que, pendant qu'il est avec son officielle, vous avez une vie trépidante et ne restez pas prostrée chez vous devant « Le plus grand cabaret du monde ». Vie trépidante explicitée par des tas de statuts Facebook « Apéros avec les copines hiiii », « *On my way to* concert de machin », ou « *Pura vida* » et une photo de mojito.

C'est triste, hein ?

Mais fabriquer de toutes pièces sa vie numérique et jouer les Sherlock sur la sienne n'est pas le plus pathétique. Le pire, c'est quand tu as rendez-vous à 20 heures chez toi « après le boulot ». Que tu cavales pour filer à la maison te raser les demi-jambes (et manquer de te vider de ton sang avec ton Vénus de Gillette), t'éponger la zone T, te passer un coup de lingette sous les aisselles, te glisser dans un jean et un pull neufs. Avant d'attendre langoureusement sur ton canapé avec un verre de vin comme Alicia Florrick dans *The Good Wife*.

Voilà qu'arrive LE SMS : « Pas possible ce soir finalement, désolé. » Eh oui, le problème du mec

1. Anne-Sophie Girard et Marie-Aldine Girard, J'ai lu, 2013.

maqué, c'est qu'il est assez peu disponible. Rapport au fait qu'il a, chez lui, une meuf qui l'attend avec une recette Marmiton et une déclaration de revenus commune à remplir. Et que ça ne laisse que peu de place à la spontanéité.

Impossible de péter les plombs et d'exiger des comptes, ça fait Glenn Close dans *Liaison fatale*. On ne peut que la jouer détachée et répondre : « Pas grave ! Une autre fois ;) ». Alors que, là, t'as envie d'annexer la Crimée.

Du coup, évidemment, vu qu'à 19 h 59, tu ne sais pas si le rendez-vous de 20 heures tient toujours, impossible aussi de se projeter dans l'avenir et de faire des projets de type « vacances », « ciné mercredi prochain » ou « présentation aux copains ». De toute façon, sortir avec un mec maqué, ce n'est pas tellement un truc dont on se vante auprès de son entourage. Dans le meilleur des cas, les copains vont avoir de la peine pour toi et te ressortir tous les trucs qu'ils ont lus dans *Psychologies magazine* ou *Bridget Jones* (c'est un « enfoiré affectif », un « pervers narcissique »). Au pire, tu seras accusée de « tuer » une famille. Oui, oui, « tuer ». Toi, tu couchais vachement avec un mec pris, BIM, tu deviens Xavier Dupont de Ligonnès, soupçonné d'avoir enterré sa famille entière sous la véranda. Quant à ta mère, depuis le jour où tu lui as dit que tu entretenais une relation avec un homme maqué, elle est en surdose d'Euphytose.

Pourtant, objectivement, le fait de ne pas être l'officielle comporte aussi quelques avantages, rares, mais non négligeables.

En l'occurrence, en termes de routine, t'es laaaarge. D'ailleurs, tu connais même pas son adresse (il a peur que tu débarques pour tuer son animal de compagnie ou enterrer sa famille dans les jardinières). Comme vous vous voyez assez peu, vous n'avez pas encore eu le temps de découvrir vos tares respectives. Du coup, merci Seigneur, il ignore encore que tu as une déviation de la cloison nasale et le colon irritable. Toi, comme tu ne l'as pas vu en bas de survêt devant PSG-Monaco et qu'il n'a pas pété au lit, tu peux encore coucher avec lui sans avoir à penser à Benicio del Toro.

Quant au fait qu'il ne dorme jamais à la maison, si ça te donne toujours la désagréable impression d'être un simple plan cul qu'on plante en Uber en déposant un baiser rapide sur le front, c'est pas désagréable non plus. Tu peux filer te coucher dans ton lit, en étoile. Avec ton « *Summer night repair* » en masque sur le visage. Et ta déviation de cloison nasale. Ça vous exonère tous les deux des petits matins tristes, où tu sais pas toujours quoi lui dire, entre deux capsules de Nespresso et le bac à litière qui pue.

En tant que porteuse de lunettes ET fumeuse, je ne souhaite à personne de me découvrir, un matin, avec ma paire de lunettes épaisse aux verres de 8 cm et une haleine à décoller les papiers peints de l'Élysée.

Tu nous ferais pas un café Benja..., Ludo..., Car...los ?

MILF

Le saviez-vous ? Une femme célibataire de plus de 40 ans a plus de chances de mourir dans un attentat terroriste que de se marier.

Si vous êtes une femme de plus de 40 ans célibataire, vous pouvez tout de suite stopper votre recherche Google « Tuto : réussir son nœud coulant ». Il s'agit seulement d'une statistique assénée par le magazine *Newsweek* en 1986[1]. Soit il y a un siècle.

En 1986, il n'y avait pas encore de tunnel sous la Manche. Jean-Paul II était encore en vie, on payait en francs, *Top Gun* sortait au cinéma. Et les femmes célibataires subissaient l'opprobre général. En France, nous célébrions encore avec enthousiasme l'immonde tradition des catherinettes. Chaque 25 novembre, jour de la Sainte-Catherine, morte vierge et martyre, les femmes célibataires de 25 ans ou plus doivent porter d'atroces chapeaux fleuris verts et participer à un concours pour « trouver un mari ». *Le Figaro* écrit, non sans une certaine nostalgie, que « la tradition s'est en effet largement perdue auprès du

---

1. Citée par Lorraine Millot, « La femme cougar chasse encore », *Libération*, 19 octobre 2009.

public féminin[1] ». Étonnant, hein ? Car quelle femme rechignerait à se coller les invendus de chez Truffaut sur le crâne pour participer au concours « du plus beau chapeau de catherinette » à la foire agricole de Vesoul dans l'espoir de se maquer avec un céréalier ?

Plus largement, le célibat était encore vécu et perçu comme une tare et un phénomène non consenti. Il faudra attendre les années 1990, les nouvelles statistiques du divorce et le recul de l'âge du mariage pour admettre, enfin, que la vie maritale n'est pas nécessairement la panacée ; puis les années 2000, pour que le célibat féminin ne soit plus systématiquement considéré comme une sorte de handicap physique disgracieux.

Sex and the City, *Girls*, *Bridget Jones* sont passés par là. Même si, à la différence de *Girls* et de *Sex and the City*, qui ont décrit le célibat féminin comme un festival de cunnilingus, de papillomavirus et de vodka-Redbull, Bridget Jones a légèrement entériné le cliché de la célibataire qui n'espère rien tant que perdre cinq kilos et être en couple, pas forcément dans cet ordre-là. En tout cas, on est passé d'un extrême à l'autre. De la quadra célib qui bouffe sa soupe Liebig en voyant sa vie défiler et qui désespère ses parents, à la quadra célib mais joviale, cougar ou MILF qui désespère ses parents ET ses enfants.

Je suis pas tout à fait sûre qu'on y ait gagné.

J'avoue, je n'ai jamais trop rien compris au concept de MILF et à la définition qu'on est censé y accoler.

---

1. Alice Develey, « Savez-vous ce qu'est une catherinette ? », *Le Figaro*, 25 novembre 2016.

Je sais bien que c'est l'acronyme de « *Mother I'd Like to Fuck* ». Et que c'est censé désigner les mamans, ou toute meuf en âge de procréer, qui seraient, selon les canons en vigueur, pas trop dégueulasses et susceptibles de provoquer un début d'érection chez tout être muni d'un appareil génital.

Là où je sèche, c'est comment on fait pour entrer dans la catégorie « MILF » et pas dans la section « MQJTMPAUB », « *Mother* que je toucherais même pas avec un bâton ». Est-ce à dire qu'il suffit d'avoir l'intérieur des bras qui s'affaisse légèrement, une baby-sitter jamais dispo et être allocataire de la CAF pour devenir subitement baisable ? Visiblement, oui. Et être mère n'est visiblement même pas obligatoire : avoir passé avec un peu de panache le seuil de la trentaine (c'est-à-dire sans amputation ni pose d'œil de verre) suffit à faire de vous un appeau à jeune puceau disposant d'une connexion à Internet.

En effet, le mot-clef le plus recherché sur le site Pornhub est « *mom* ». Et on pourrait faire une pause un instant et se demander ce qu'il se passe dans le cerveau des mecs qui tapent « maman » sur un site qui héberge des vidéos d'éjaculation faciale. Mais passons. Ceci indique néanmoins un intérêt croissant des jeunes hommes pour les femmes plus âgées, surtout si elles entrent dans la catégorie « MILF » ou « cougar ». En voilà une belle autre catégorie de merde. Qui, elle, a été mise en scène dans *Cougar Town*. La série raconte les péripéties de Jules, incarnée par Courteney Cox (feu Monica dans *Friends*), qui chasse le mâle vingtenaire. Une comédie intitulée *Cougar the Musical* a même été jouée à New York au profit d'une organisation caritative… contre le cancer. C'est un peu comme si Dove Attia avait produit « Eddie Barclay, une comédie musicale » au profit d'une association contre le glaucome et en partenariat avec les fauteuils monte-escaliers Otolift.

Car, évidemment, le regard porté sur un homme amateur de femmes plus jeunes diffère radicalement de celui accordé aux femmes ayant les mêmes pratiques. Pour faire simple, quand Leonardo DiCaprio (45 ans) collectionne les mannequins dénutris et à peine pubères, il « fait des conquêtes ». Si une femme quadragénaire couche avec un mec né sous Chirac, elle est « en chasse », prend des jeunes hommes « entre ses griffes » et « est assoiffée de chair fraîche ». Et toute ressemblance avec un reportage animalier diffusé sur la BBC ne serait évidemment pas fortuite. D'ailleurs, aux États-Unis, pour désigner ces jeunes hommes tentés par des femmes plus âgées, on parle de « *willing prey* », de « proie consentante ». Je crois que là, c'est bon, on a bien pigé le concept de la hyène parcourant la savane l'écume aux lèvres, à la recherche d'un bébé lémurien sans défense, pour une union contre-nature.

Un certain Alain Héril, psychothérapeute qui rapporte recevoir de plus en plus de cougars en consultation, analyse les faits de la sorte : « Les trentenaires d'aujourd'hui ne savent plus comment être homme face aux femmes de leur âge, ce qui conduit à une baisse massive du désir. Dès lors, les cougars qui s'affirment sexuellement de manière active tout en offrant une part de réconfort apparaissent comme une solution[1]. »

On ne saura pas ce que veut dire concrètement « s'affirmer sexuellement ET être réconfortante », mais j'imagine que, dans l'esprit du psychothérapeute, ça doit être quelque chose comme sucer ET avoir des confitures maison dans son frigo.

Dans le magazine *GQ*, une « proie consentante » confie : « Récemment, j'ai été abordé dans un cocktail par une femme de 45 ans en bas résille qui m'a dit, droit dans les yeux : "J'adooore les carottes." On aurait dit un mix entre Vampirella et Bugs Bunny[2]. »

Pardon, mais si un mec est excité quand on lui parle de légumes et qu'il pense aussitôt à un cartoon, c'est lui qui devrait s'allonger sur le divan d'Alain Héril.

Thierry, 35 ans, fonctionnaire, explique lui aussi à *GQ* son goût pour les cougars : « Comme je ne veux ni enfant ni vie de famille, une liaison avec une cougar qui mène sa propre vie me convient parfaitement. Leur conversation est souvent plus intéressante et, surtout, elles ne vont pas chercher à me présenter leur famille. » Car, c'est bien connu, avant 30 ans, les filles ne consentent à un coït que dans l'espoir d'attirer le mâle autour d'un gigot-flageolets le dimanche en famille. Tandis que les « femmes mûres » n'ont aucune famille à imposer, eu égard à leur grand âge (ils sont tous décédés). Cher Thierry, si la relation

1. http://www.gqmagazine.fr/sexe/news/articles/pourquoi-les-hommes-aiment-les-cougars/3576

2. *Ibid.*

la plus poussée que tu puisses envisager consiste à éjaculer pendant qu'on te raconte des histoires, je te conseille de te branler en lisant un *Père Castor* ou devant un bon DVD.

Mais une donnée est régulièrement escamotée quand il est question de MILF et de cougars : pour 85 % des proies consentantes, les cougars sont avant tout de potentielles sources de revenus. Ah ben voilà, là, au moins, on se prend moins la tête sur un potentiel Œdipe non réglé ou sur les dégâts occasionnés par une maman maltraitante, qui aurait forcé fiston à finir ses carottes et qui pousserait ses pauvres petits garçons dans les bras d'une « dame patronnesse » en bas résille. En réalité, les proies consentantes ne seraient pas contre l'idée de se faire payer un dîner de temps en temps ou un costume chez Delaveine. Car, voyez-vous, passé 40 ans, les femmes célibataires seraient toutes aisées financièrement et dépenseraient leur blé aux quatre-vents ou, en tout cas, ne rechigneraient pas à payer un menu B6 chez le Chinois dans l'espoir de se faire pénétrer par un jeune con. Notons également que, pour 72 % des proies consentantes interrogées, les cougars sont « des coups faciles[1] ». Comprendre : des crève-la-faim prêtes à accepter des problèmes de peau ou une hygiène douteuse du moment qu'elles se font culbuter avec un tant soit peu de vigueur.

Et là, on pige bien que si les MILF et les cougars sont décrites comme des prédatrices, en réalité, l'idée sous-jacente, c'est qu'une quadragénaire serait bien

1. *Ibid.*

peu regardante et, somme toute, dénuée de fierté. Ça vous rappelle un truc ? Moi, oui : les catherinettes. Alors, à choisir, le jour de mes 40 ans, je préférerais encore me coller un ficus sur la tête et parader au Salon de l'agriculture à la recherche d'un « mari » que de payer des brochettes bœuf-fromage à Thierry, fonctionnaire de 35 ans.

NETFLIX
KIND

Netflix & manger

Je crois bien que l'une des phrases que j'aie entendues le plus souvent, depuis que je suis célibataire, c'est « Tu devrais sortir plus »… et sa variante maternelle : « Tu devrais sortir plus, mais prends un taxi pour rentrer, ne laisse pas ton verre sans surveillance et mets une écharpe… T'as renouvelé ta Carte vitale ? » Les gens, dans leur grande naïveté, pensent donc que, pour sortir de son célibat, il suffit de sortir tout court. Que l'on vivrait dans cette faille temporelle où, comme dans une comédie romantique ou une publicité pour les déodorants qui tiennent quarante-huit heures, l'amour t'attendrait là, au coin de la rue.

À bien y regarder, même quand je n'étais pas célibataire, on me conseillait également de sortir de chez moi. C'est que je suis ce qu'on appelle pudiquement une « personne casanière ». Voire, selon l'expression désormais consacrée, une adepte du « *hygge* », du nom de cette tendance tout droit venue du Danemark, qui consiste à faire de son foyer un cocon enveloppant et rustique, et à s'adonner à des activités aussi réconfortantes que lire, manger des trucs gras et boire des litres de thé à la lumière d'une bougie

Diptyque à 50 boules. Formidable alibi fourni par *Elle déco* pour en foutre pas une en slip, encastrée sur mon canap devant les « Reines du shopping » et des Knaki balls. En plus, je triche : dans le meilleur des cas, j'allume une bougie Vanille de chez Franprix, moins pour que ça sente bon chez moi que pour m'éclairer à la lueur de la flamme quand je cherche mes clopes et que l'interrupteur est trop loin.

Soit l'essentiel de mes activités depuis que j'ai environ 6 ans, les clopes et les « Reines du shopping » en moins. Car, même quand j'étais gosse, je préférais mille fois bouffer des Choco BN en lisant la comtesse de Ségur que me peler les miches au square ou faire un truc aussi abscons et profondément inutile que, genre, « faire du vélo ». Je n'ai même jamais réclamé de chiot à mes parents, car je savais que ça impliquait de devoir sortir de chez moi au moins deux fois par jour.

Dans mes rêves les plus fous, je n'espérais pas devenir maîtresse, présidente ou vétérinaire, mais ingénieure pour mettre un jour au point un système permettant de rester en vie sans avoir à quitter sa maison. Je suis en quelque sorte l'inventeure théorique et méconnue d'Alloresto, du service de livraison de Monoprix et de la fibre. Par ailleurs, aucun adulte n'a jamais eu à me forcer à faire la sieste, et je n'ai jamais fait partie de ces gosses dont tu n'obtiens qu'ils consentent à rester dans leur chambre qu'en ayant recours à du sirop anti-toux, de grandes doses de Célestène, ou en tapant dans le stock de fléchettes tranquillisantes périmées du zoo de Thoiry. Il fallait limite solliciter l'aide du négociateur du GIGN pour que j'accepte de faire une balade ou un tour de poney.

Certes, ma haine pour le monde extérieur a connu une brève accalmie au moment de ma prime jeunesse : entre 18 et 20 ans environ, et alors que je découvrais Paris, j'ai arpenté la ville sans rechigner, suis sortie environ six soirs par semaine boire des verres et danser en club. Et presque pas séché la fac.

Le naturel a vite repris le dessus : à 21 ans à peine, il fallait me traîner par les cheveux pour que je sorte de chez moi entre septembre et fin mai. Je ne consentais à quitter mon studio, hors obligations type travail, rappels de vaccins ou Coupe du monde 98, que si j'étais sûre de pouvoir ensuite m'octroyer quarante-huit heures de maison non-stop. Notez qu'en plus, il n'existait alors ni iPhone, ni Facebook, ni géolocalisation, et qu'il était alors possible d'opter pour la technique dite du gros chacal : poser des lapins, faire le mort et réapparaître une semaine plus tard, la bouche en cœur, en plaidant une panne de répondeur sur son téléphone fixe.

Les choses ne se sont pas améliorées quand j'ai expérimenté le concubinage. Bien sûr, je n'annonçais pas à mes mecs d'emblée que je n'aimais rien tant que rentrer chez moi, dégrafer mon soutien-gorge, enfiler un survêt et observer les moulures du plafond. Au début de différentes relations, je l'ai même jouée diablement sociable. Les six premiers mois, j'enchaîne les apéros, les *happy hours*, les pique-niques, les cinés, les brunchs en arborant le masque de la Parisienne qui n'aime rien tant boire que des coups en terrasse les soirs de semaine comme si demain n'existait pas.

Mon corps commandait une nouvelle tournée, mais ma tête hurlait intérieurement : « Laissez-moi rentrer chez moi regarder “Faites entrer l’accusé” et manger de la purée. » Évidemment, sitôt le bail signé avec le mec en question, je ressautais dans mon bas de survêt à l’élastique détendu et cessais toute concession. Le concubin du moment était parfaitement libre de sortir de son côté, du moment qu’il rentrait (sans chlamydiae) et qu’il consentait de temps en temps à partager mon canapé d’angle pendant vingt-quatre heures, sans se brosser les dents, et à souscrire à ma passion pour l’espace domestique et l’autarcie.

Mais rester chez soi ne consiste pas seulement à glander. Je profite aussi de ces longues journées passées à la maison pour lire, regarder des documentaires, ou astiquer mes plinthes au coton-tige.

Et puis, on est au XXIe siècle, j’ai un iPhone, un Mac, un compte Facebook, un compte Gmail, un compte LinkedIn, un compte Twitter, un compte sur Farmville… Donc, techniquement, quand je joue à Candy Crush, ou quand je commente une photo de profil, je ne suis pas « coupée du monde ». Dieu, dans sa grande miséricorde, a permis l’existence de WhatsApp – donc, si j’ai envie de communiquer avec autre chose que mon chat et ma multiprise, il me suffit d’envoyer un message.

Puis est arrivé le téléchargement illégal (cher Hadopi, toute ressemblance avec des personnages et des faits réels serait parfaitement fortuite).

Et enfin, Netflix.

Et là, *adios bitchachos*, *adios la vida loca*. *Un*, *dos*, *tres*, poussez-vous de mon chemin que je puisse rentrer chez moi, éteindre la lumière et regarder la dernière saison de *Broadchurch*.

En réalité, j'avoue, il n'est plus question de Facebook, de WhatsApp, ou de n'importe quelle interaction sociale, même virtuelle, une fois que j'ai lancé mon épisode et que j'attends le livreur Deliveroo dont j'ai calculé qu'il arrivera pile entre l'épisode 3 et l'épisode 4, ce qui me laissera le temps de récupérer ma quatre fromages, de faire pipi et d'arriver pile à la fin du « *Previously on* ».

Donc, je suis bien obligée de concéder qu'en effet ma vie sociale, qui n'a pourtant jamais rien eu à envier à celle d'un pensionnaire de maison de retraite, en a pris un coup. Désormais, quand on me propose une sortie, je pense d'abord à checker mon tableau Excel – recensant les mises en ligne des différentes séries ou émissions que je suis – avant de répondre. Et même quand je consens à accepter un dîner ou un apéro, il y a toujours un moment où je me dis : « Je serais pas mieux chez moi, là, à regarder le replay de *Top Chef* dans mon appart aux plinthes nickel ? »

J'ai même investi dans une couverture chauffante et un Babygro taille adulte, c'est dire si j'ai lâché l'affaire. La semaine dernière, j'avais un peu mal au dos, je me suis collé une bouillotte sur l'omoplate avec du chatterton et j'ai ouvert un sachet de Curly avant de lancer Netflix en quête d'une nouvelle série glauque impliquant des infanticides et une pluviométrie anormalement élevée, quand ma mère m'a appelée. Je me suis sentie obligée de lui dire que je me préparais à sortir (on était samedi soir, il était 19 heures) et que oui-j'ai-mis-une-écharpe-et-renouvelé-ma-Cartevitale, quand elle a elle-même mis fin à la conversation parce qu'elle partait dîner. L'idée que la vie sociale de ma mère était plus palpitante que la mienne m'a légèrement interrogée. Je me suis demandé si je ne passais pas à côté de ma jeunesse et comment diable j'allais trouver un mec avec ma bouillotte scotchée dans le dos et des miettes de Curly étalées sur mon Babygro.

À ce moment-là, le livreur Deliveroo a sonné. Fin de l'introspection, début de *The Killing* saison 2 épisode 1, et ma calzone allait refroidir. J'ai reporté la remise en question à demain, comme le renouvellement de la Carte vitale (pardon, maman).

Non, ma fille, tu n'iras pas danser

L'autre jour, alors que je passais consciencieusement une *cup* à cellulite sur le haut de mes cuisses (« *Shine Bright like a diamond* », comme Rihanna) devant BFM TV, j'ai songé que ça faisait des siècles que je n'avais pas mis les pieds en boîte. D'ailleurs, je me suis aussitôt fait la réflexion, en poussant un râle de douleur parce qu'un amas de capiton était coincé dans la ventouse, que, si ça se trouve, plus personne ne dit « aller en boîte ». Sauf peut-être Cathy Guetta et Aziz de « Loft Story 1 ». Je ne sais pas.

En tout cas, on est d'accord que, si je ne sais même pas quelle est la terminologie à employer, je ferais peut-être mieux de renouveler mon abonnement à France Loisirs plutôt que de penser, ne serait-ce qu'une seconde, à remettre les pieds dans une boîte de nuit, un club, un *afterwork*, vous appelez ça comme vous voulez.

Pourtant, sans vouloir me la raconter, avant d'être cette personne qui lance des chenilles aux mariages et qui possède une appli de running sur son iPhone, j'ai moi-même été ce qu'on peut appeler une « fille de la nuit ».

Ne riez pas.

J'ai dit « ne riez pas ».

Bon, pour être tout à fait honnête, je n'étais pas non plus cette fille insupportable qu'on a tous croisée en boîte. Vous savez, cette meuf qui fait « ouhouhouh » en levant les bras et en fermant langoureusement les yeux quand le DJ change de musique et qui n'a même pas l'air ridicule ou possédée. Alors que, toi, quand tu fais « ouhouhouh » en levant les bras et en fermant les yeux, tes potes te fourrent leur portefeuille dans la bouche parce qu'ils craignent que tu te bouffes la langue pendant ce qui ressemble à une crise d'épilepsie.

Je n'ai jamais été non plus cette fille qui peut gruger la queue et claquer deux bises au videur avant de rentrer comme si elle rendait visite à sa mémé ; pendant que, toi, tes orteils se rétractent dans tes escarpins André, après deux heures à patienter dans le froid pour espérer pouvoir entrer, payer 20 balles un rhum-Coca et danser sur du Metronomy dans les effluves de sueur.

Je n'étais pas non plus cette fille vêtue d'une paire de talons de 12 cm et d'une minijupe communément appelée « grosse ceinture » et qui ne se fracturait même pas le ménisque en descendant l'escalier menant au dancefloor.

Bon. OK. Il est possible que je n'aie pas tout à fait été une fille de la nuit. Disons qu'il m'est longtemps arrivé de sortir le samedi soir, de claquer l'intégralité de ma bourse dans des vodka-pomme, et que je connais par cœur les paroles de *« Freed from desire »* de Gala (surtout le refrain « nanananananananana nananananana »).

J'ai raccroché les gants à 26 ans, quand j'étais enceinte de ma fille, alors que mes copines parisiennes branchées essayaient de se faire féconder au Baron par n'importe quel mâle ayant le nombre réglementaire de dents (eurk).

Peu de temps après mon accouchement, j'ai retenté l'expérience en participant à une sortie en boîte entre amies. Une véritable bouffée de liberté. J'ai enchaîné les vodkas-pomme en sautillant sur le dancefloor sur une musique indéterminée et en roulant des pelles à mes copines (on était en plein dans l'esthétique porno-lesbo-chic). Jusqu'à ce que je réalise que je n'avais pas encore fait ma rééducation de périnée. Et que ça, là, c'était pas de la sueur.

Les années passant, comme tout bon trentenaire, j'ai délaissé les lieux publics et entonné le célèbre refrain : « Nan mais, de toute façon, je préfère les fêtes à la maison ». En vrai, on sait tous que la réalité, c'est qu'à 31 ans, personne ne veut subir l'humiliation de se faire recaler à l'entrée d'une boîte de nuit parce qu'il est pas assez jeune/looké/à poil. Et parce que, statistiquement, il y a des chances pour que tu cotoies sur le dancefloor des gens qui n'étaient même pas nés le 11 septembre 2001. Ce qui reste une expérience assez humiliante.

Il est par ailleurs vrai qu'il est autrement plus agréable de danser dans le salon surchauffé d'un pote en s'enfilant des blinis au tarama et en choisissant toi-même la playlist avec le Bluetooth. Sans compter que les potes organisant des soirées ont de vraies toilettes (pas à la turque, pas au bout d'un escalier interminable et pas occupées par une jeune Parisienne branchée en train de se faire féconder). Une vraie cuisine dans laquelle ils ont entreposé des tas de choses à manger. Bref, la fête chez les potes, c'est la soirée en boîte de nuit pour les trentenaires exigeants qui n'aiment pas sauter de repas.

Pourtant, même la fête chez des potes comporte des aspects franchement rebutants. On pourrait imaginer qu'une soirée chez des amis, pour un anniversaire par exemple, a cela d'avantageux, par rapport à la soirée en boîte, qu'elle ne te coûte rien de plus que le pack de bières que tu vas apporter et le Uber pour rentrer.

C'est faux.

Désormais, mes potes qui organisent des soirées ont décrété que boire des bières en écoutant des tubes des années 80, ce n'était pas assez classe. Du coup, quand ils créent l'événement sur Facebook, ils précisent qu'il faut venir avec une bouteille de champagne et à manger (techniquement, ils écrivent « venez avec des bulles et votre spécialité culinaire », parce que ça fait moins crevard). Comme tu es bête et disciplinée, tu vas claquer tes 30 boules dans un Nicolas Feuillatte et cuisiner une quiche… Mais, une fois arrivée à la fête, impossible de mettre la main sur une coupette, et tu ne peux que te rabattre sur des canettes de 1664 tièdes et des Monster Munch. Quant à la musique, Pharrell Williams est passé par là, et tout le monde va trouver ça tout à fait normal de passer vingt-huit fois *« Happy »* dans la même soirée. Heureusement, tu peux compter sur tes copines pour lancer à l'occasion un bon petit Beyoncé, et te consacrer alors à ta chorégraphie personnalisée de « *All the Single Ladies* » (qui consiste, soyons franches, à danser en pas chassés en mimant le pressage d'un agrume avec la main droite). Mais celui qu'on appelera « le DJ relou des soirées en appart » va vite reprendre le contrôle de la playlist pour lancer de l'électro-pop ou n'importe quelle obscure compilation des *Inrocks*. Alors que, toi, tout ce que tu veux, c'est danser sur « Toutes les femmes de ta vie » des L5, avec un chorizo entier en guise de micro.

Il arrive aussi que tes potes se soient lancés dans la mixologie. Nom savant pour désigner le fait que tu vas devoir patienter quarante-cinq minutes avant d'avoir droit à un gin tonic préparé par l'hôte fin bourré, à force de finir les fonds de shaker. Ce sont généralement les mêmes qui ont décrété que l'on ne pouvait plus fumer dans leur salon, et tu te retrouves donc à te peler les miches sur un balcon surchargé avec les orteils rétractés dans tes esparpins André (la vie est un éternel recommencement, comme l'a dit le dalaï-lama, ou Ophélie Winter, je ne sais plus). Et si on ne peut pas fumer, c'est parce que leurs gosses ne sont pas au lit ou chez papy-mamie. Non, non. Il y a des gens qui estiment tout à fait normal d'organiser une soirée et de laisser leurs gosses en pyjama faire des roulades au milieu du dancefloor. Parce que c'est « si mignoooon ». Un bébé lama aussi, c'est mignon, et pourtant, jamais personne ne m'en a collé un dans les pattes pendant que je dansais comme une écolière lubrique sur Britney Spears (pardon à tous ces enfants qui ont assisté à ma tentative de grand écart facial à quatre grammes).

Tant qu'à être pénibles, ces mêmes amis vont aussi user jusqu'à la corde le concept de la soirée déguisée, dont tu pensais pourtant être débarrassée après les fêtes du BDE en deuxième année de DEUG. Retour *hype* de la soirée costumée et des thèmes abscons. En cinq ans, j'ai assisté à des soirées déguisées dont le thème était : « la lettre A de l'alphabet », « la lettre B de l'alphabet », « un métier », « un super-héros », « une saison », « un plat chinois » (???). La dernière fois que je me suis pointée à l'une d'elles, dont le thème était « une station de métro », et où douze autres meufs étaient comme moi déguisées en station « Poissonnière » (avec un tablier, une charlotte sur le crâne et un rouget dans chaque main), j'ai décidé de toutes les boycotter.

Le problème, c'est que le 31 décembre n'est pas une soirée à thème proprement dit. C'est comme ça que je me suis retrouvée un nombre incalculable de fois à réveillonner avec de parfaits inconnus au spritz, avec Pharrell Williams en musique de fond, du tarama plein les dents. Si on en croit l'adage selon lequel ton année va ressembler à ta soirée du Nouvel An, ça explique pourquoi je me fais bien chier depuis dix ans et pourquoi je suis perpétuellement ballonnée.

Du coup, je ne vais pas plus en boîte que je ne me rends aux soirées chez des amis. Mais je ne suis pas la seule. L'autre jour, alors que je m'enduisais de Somatoline-Cosmetic-nuit-ça-fonctionne, je me suis demandé ce qu'étaient devenues les Putafranges. Les Putafranges, ce sont deux meufs qui se faisaient passer pour des Djettes dans les années 2000 et qui possédaient, comme leur nom l'indique, une frange, et comme leur nom ne l'indique pas, une faculté à se faire payer des ponts d'or pour passer du Daft Punk en faisant « ouhouhouh », en levant les bras et en fermant langoureusement les yeux. J'ai tapé « que sont devenues les Putafranges » dans Google en espérant découvrir qu'elles étaient toutes les deux incarcérées. J'ai découvert que l'une, Cécile Togni, dirigeait dorénavant un bureau de style (elle est donc au chômage) et que, l'autre, Tania Bruna-Rosso, possédait désormais un restaurant (elle a donc enfin un IMC supérieur à 13). Preuve que sortir danser, c'est vraiment 2010.

Avoir cessé de sortir m'épargne aussi la douloureuse corvée du lendemain de fête : appeler chacune des personnes présentes pour savoir si « ça va, j'étais pas trop bourrée, hein ? HEIN ? DIS-MOI, J'ÉTAIS PAS TROP BOURRÉE ? Non, mais, sur une échelle de 0 à "j'ai vomi discretos dans mon sac à main", j'étais à combien ? », « dis, tu sais pourquoi y a un Vélib dans mon salon ? », « j'ai trouvé un ticket de CB à 255 euros, ça te dit quelque chose ? » ou « et sinon, le mec à qui j'ai roulé des pelles, rassure-moi, il avait à peu près toutes ses dents ? ».

Paris, capitale de l'amour

Avec la régularité des chiffres du chômage, du pic de gastro ou des morts par canicule, les statistiques du célibat par région tombent chaque année et font systématiquement l'objet de commentaires ébahis. Même si ça fait cinquante ans au moins qu'on nous dit qu'à Paris, une personne sur deux est célibataire. Et que quiconque a déjà passé plus de quarante-huit heures dans la capitale pourra expliquer le phénomène sans avoir fait une fac de socio.

C'est simple : Paris est une ville de maboules. Cela suffit à expliquer qu'on a plus de chances de se maquer dans un village lozérien de 80 âmes (si on n'a rien contre la consanguinité) qu'à Paris, pourtant riche de 2,141 millions d'habitants. C'est que cet hôpital de jour qu'est la Ville lumière est régi par des codes qui entrent en totale contradiction avec l'idée même du coup de foudre. À commencer par son métro et ses 16 lignes qui n'ont de « transports en commun » que le nom. Je ne me sens jamais aussi seule qu'à 8 h 30 sur la ligne 13 bondée, même si mon nez est pile à hauteur d'aisselles d'un mec et que je suis littéralement assise sur les genoux d'un autre. On a beau être entassés les uns sur les autres, être cinq personnes à lire le même *20 minutes* au-dessus de l'épaule d'une sixième, et entrer en contact avec des parties intimes du corps de parfaits inconnus (Ah ! c'était pas la barre du métro que je tenais depuis dix minutes !), on ne se sent jamais aussi vulnérable que dans le métro. Je rappelle à toutes fins utiles que le métro parisien est un endroit où tu peux te faire lyncher pour t'être tenu à gauche dans l'escalator, hurler dessus parce que tu n'as pas laissé les gens descendre avant de monter, et te prendre un coup de parapluie parce que tu as chopé le dernier strapontin.

En tant que femme, on a aussi bien intégré l'idée qu'il valait mieux se coller un casque sur les oreilles pour éviter tout harcèlement de rue, changer de trottoir quand on croise un être pénien dans une ruelle sombre, et feindre la surdité quand un homme nous aborde, même si c'est pour nous demander comment aller aux Champs-Élysées, et qu'il est avec femme et enfants.

Il ne faut pas non plus compter sur les nombreux événements parisiens festifs pour que les rapports humains soient plus chaleureux. La fête de la Musique offre ainsi plus de risques de se faire vomir dessus par un joueur de diabolo que de chances de rencontrer l'amour. Le soir de l'élection de François Hollande, j'ai évité de justesse de mourir piétinée place de la Bastille. Quant aux quais parisiens et aux parcs chers à Woody Allen, ils offrent une concentration en merdes de chiens et téléphones portables sur haut-parleur qui te coupent net l'envie d'entamer une parade amoureuse avec ton voisin de pique-nique.

Mais admettons que le taux de célibat à Paris soit une anomalie, et que la ville offre néanmoins beaucoup d'occasions pour quiconque n'a pas complètement désespéré de se faire féconder un jour par un Francilien.

Parce qu'il paraît que nous, les Parisiennes, on a un style inimitable, que les femmes du monde entier nous envient et qui ferait de nous des êtres à part. C'est en tout cas l'idée qu'essayent de nous refourguer notamment les quatre auteures du best-seller *How to Be a Parisian Wherever You Are : Love, Style and Bad Habits*[1]. Celles-ci ont ainsi fait la tournée des plateaux télé en partenariat avec leurs franges et leurs boots Isabel Marant pour nous expliquer à quel point on a de la chance d'avoir un code postal en 75, lequel nous conférerait naturellement la grâce et l'indice de masse corporelle d'Inès de la Fressange. Parce qu'être parisienne, c'est « avant tout un état d'esprit ». Moi qui pensais qu'être parisienne, c'était avant tout louer un 35 m² pour le prix d'un loft à Dunkerque, porter des Stan Smith, et pouvoir se faire livrer un bo bun en moins de trente minutes.

Voici, par exemple, comment la Parisienne d'aujourd'hui doit se comporter socialement.

Il faut être *« fuckable »* à chaque instant de la journée. C'est-à-dire soignée, brushée et engoncée dans un slim H24. « Quand vous faites la queue

1. Sophie Mas, Audrey Diwan, Caroline de Maigret, Anne Berest, *How to Be a Parisian Wherever You Are : Love, Style and Bad Habits*, Éditions Doubleday, 2014.

devant la boulangerie le dimanche matin, quand vous achetez du champagne au milieu de la nuit, ou quand vous allez chercher les enfants à l'école. On ne sait jamais. »

C'est vrai, on sait jamais, des fois que l'épicier ou le CPE du gosse voudrait te prendre en levrette au débotté, ce serait quand même con d'être en survêt et d'avoir des cacas d'œil pile à ce moment-là.

Quant au champagne acheté au milieu de la nuit, personnellement, la dernière fois que j'ai utilisé ma CB pour acheter de l'alcool au milieu de la nuit, c'était en 1998, pour payer une tournée de shots aux clients du PMU où je fêtais la victoire des Bleus (ET UN, ET DEUX, ET TROIS, ZÉRO !). Le lendemain, mon banquier m'a supprimé ma CB et m'a collé une carte Électron pendant deux ans. Se faire refuser son paiement CB chez Franprix, c'est pas très « *how to be a Parisian wherever you are* ».

Autre conseil : la Parisienne se doit d'être une vraie poche à gnôle. Il est clairement expliqué que toute Parisienne qui se respecte doit en permanence avoir un verre à la main. Mais, attention, elle ne doit JAMAIS ouvrir elle-même une bouteille de vin et toujours déléguer la tâche à un homme. Il paraît que ça fait classe et distingué. Oui, tu as les lèvres violettes et du tanin plein les dents, mais c'est pas toi qui as ouvert la bouteille, alors ça va. Ça s'annule. Précision utile : il ne faut jamais vomir, ou alors attendre d'être chez soi pour dégobiller. Ce qui revient donc à conseiller aux Parisiennes de ravaler leur vomi. Et ça, ça fait tout de suite moins Inès de la Fressange.

Autre recommandation : il faut toujours avoir l'air de sortir de son lit et adopter une allure savamment débraillée en ne se coiffant jamais les cheveux. Le fameux coiffé-décoiffé. Que j'obtiens personnellement en dormant sur le côté et en ayant donc, au réveil, la moitié de la chevelure collée sur l'hémisphère droit de mon crâne. L'autre moitié a fait sécession avec mon cuir chevelu. Ce qui autorise l'Enfant personnel à refuser que je l'accompagne à l'école. Et amoindrit donc mes chances d'être *fuckable* pour le personnel de l'Éducation nationale.

Il faudrait également, en tant que Parisienne, porter des chaussures à talons pendant la grossesse, jusqu'à l'entrée en salle d'accouchement. « *How to be a Parisian* » *with a* scoliose *and a* cor au pied.

Il est également conseillé de rire, mais pas trop, et pas trop fort, de « parler politique avec les yeux et de sexe avec la bouche[1] » (j'ai essayé face à mon miroir, et j'ai surtout l'air de faire une crise d'épilepsie), de faire l'amour trois fois par semaine (LOL), de fumer trop (le cancer, c'est le nouveau noir), de traverser la rue n'importe comment (l'accident corporel, c'est le nouveau beige) et d'être toujours en retard (le licenciement, c'est le nouveau… Bon, vous avez compris).

Bref, si vous avez bien suivi toutes ces astuces, et que vous avez réussi à choper, vous êtes certes sortie des statistiques du célibat parisien, mais vous avez fait une entrée fracassante dans le classement par régions de la surmortalité précoce, du chômage sans

1. *Ibid.*

indemnités et des allocataires de la pension versée aux adultes handicapés. Rapport au fait que vous vous êtes fait virer pour retards à répétition, écrasée par un livreur Deliveroo et auto-inoculé un cancer des poumons. Mais vous avez toujours votre code postal en 75 et votre 35 m^2 trop cher, et ça, ça n'a pas de prix.

Plus vieille qu'hier, moins que demain

Tu te souviens du jour où tu fêtais tes 30 ans ? Tu faisais bien la maligne sur l'air de « ohlàlàlà, je suis vieeeeiiiilllllle ». Même que, ce jour-là, tu avais remplacé le *selfie* à *duckface* de ta photo de profil Facebook par une photo de grand-mère Yetta dans *Une nounou d'enfer* pour :

1) Bien souligner à tous tes *friends* que, quand même, quelle grosse rigolote bourrée d'autodérision tu faisais ;

2) Que tout le monde se mette à te rassurer sur ton insolente fraîcheur. Tâche dont allaient s'acquitter toutes tes copines quadra pourtant passablement agacées de te voir chouiner sur ta petite trentaine, alors qu'elles étaient elles-mêmes en train de faire congeler leurs ovocytes en Espagne et d'enchaîner les mammographies à la pause déj.

La vérité, c'est que tu savais bien, au fond de toi, que 30 ans, c'est du pipi de chat. Tu te plaignais alors d'avoir changé de dizaine, un peu comme quand, à 16 ans, tu hululais à l'oreille compatissante de tes copines que t'avais foiré la dissert de philo, alors que tu savais parfaitement que t'allais au moins récolter

un 15/20. Mais, publiquement, tu mettais beaucoup d'énergie à te faire passer pour une vieille merde grabataire.

Un luxe que, du haut de tes 38 ans, tu ne peux désormais plus te permettre. D'ailleurs, t'as viré ta date de naissance de ton compte Facebook et tu fais plus de *duckface*, ça fait ressortir les rides péribuccales. Parce que, même si seules huit petites années séparent ton âge actuel de ce moment où tu la jouais vieille peau, tu es VRAIMENT devenue vieille. Il s'est forcément passé un truc. Genre, la progéria. Toujours est-il que, sans t'en apercevoir, tu es devenue ce que tu redoutais le plus : une personne qui pousse un léger râle de soulagement quand elle s'assoit et qui possède deux dégueulasses plis d'amertume au coin des lèvres. Même si, quand tu vas acheter ton petit gel douche Yves Rocher, la vendeuse glisse un échantillon de crème de nuit « spécial peaux matures », ta condition et ton aspect physiques ne sont pas les seules preuves tangibles que tu as désormais plus de chances de choper un cancer du côlon qu'une MST.

La réalité est que tu fais et dis des trucs de vieux :

– Par exemple, et c'est un fait totalement inexpliqué d'un point de vue physiologique, tu fais désormais partie de ces gens qui ont des petits renvois. Vous avez déjà vu un vingtenaire parler et soudainement ravaler un léger reflux ? Ben non. Un jeune, soit ça rote franchement, soit ça fait rien du tout. Eh ben, toi, parfois, tu fais des petits rototos quand tu parles. Comme Jean-Pierre Raffarin.

– Quand, au cours d'un dîner (car, oui, tu fais des dîners, sur une vraie table et tout, pas un apéro avec des noix de cajou et du sauvignon dégueulasse posés sur une table basse Lack de chez Ikea), l'hôte s'apprête à te resservir un peu de vin (de chez le caviste), eh ben, tu poses ta main sur le verre avec un petit regard entendu en marmonnant « non, ça va aller pour moi ». Il est loin le temps où tu te faisais des tequilas frappées en léchant le sel sur le ventre d'un serveur dominicain sans papiers. D'ailleurs, ça ne choque personne que tu refuses un troisième verre de vin, car toutes les personnes autour de toi sont vieilles. La preuve, il y a de la Salvetat sur la table, on écoute du jazz, et y a un plateau de fromages.

– Ce qui nous conduit au troisième signe prouvant que tu es si vieille. Dans ton frigo, il y a du fromage. Pas du Ficello ou du Kiri périmé que tu fais fondre dans les coquillettes. Non, tu es la propriétaire d'un vrai plateau de fromages constitué de trucs très chers et un peu verts que tu as achetés chez TON fromager. Parce qu'à 38 ans, tu as TON fromager, TON primeur, TON boucher. Et tu prononces des phrases du style « Goûte-moi ces gambas, j'ai trouvé ça chez MON poissonnier ». L'étape d'après, c'est avoir SON avocat fiscaliste et donc être en vitesse accélérée sur l'autoroute menant à la convention obsèques.

– Tu es évidemment vieille quand tu juges des adolescents. Avant, partager une rame de métro avec un ado bourré d'hormones et de sébum ne te faisait ni chaud ni froid. Tu avais même l'impression d'appartenir à la même catégorie que lui, par opposition à tous ces croulants qui rentrent de La Défense avec leur petit journal déplié sur les genoux et leur déficit en mélatonine. Eh ben, la semaine dernière, tu as soufflé très fort pour signifier ton agacement à un jeune qui écoutait sa musique trop fort dans le casque. Faut dire que ça t'empêchait de te concentrer sur ton podcast *France Culture* des « Pieds sur terre ».

– Tu as déja considéré sérieusement et sans aucune ironie la possiblité de passer une semaine chez Center Parcs.

– Tu ne digères pas le lait. (NB : Seuls les plus de 37 ans prononcent les mots « digérer » et « lactose ».) Mais tu consommes avec plaisir des aliments de vieux : rutabagas, endives au jambon, soupe avec des morceaux et yaourts Activia au muesli, qui constituent désormais la base de ton alimentation.

– Tu es considérée comme foutue quand tu appelles ta mère de ton plein gré. Avant, tu laissais ses messages passifs-agressifs s'accumuler sur ton répondeur : « Allo, c'est maman… (silence lourd de reproches pesants de quarante-cinq secondes), c'était pour savoir si t'étais encore en vie et si tu venais bien à la maison à Noël. » Nous sommes le 12 mars. Maintenant, tu appelles ta mère tous les trois jours, tu compatis sincèrement quand elle te parle de ses douleurs articulaires, tu lui demandes sa recette de gratin… PIRE, les rôles s'inversent et c'est toi qui la sermonnes parce qu'elle n'a pas fait son frottis annuel. Le tien est dans ton sac, scellé dans une enveloppe affranchie que tu posteras dès demain matin, en même temps que le chèque de la cantine. Parce que tu as des carnets de timbres à la maison, « au cas où ». Et de l'eau de Javel.

– Car, comme toute personne vieille qui se respecte, tu prends soin de ton intérieur. Tu aères tous les matins, tu possèdes des petites lingettes Swiffer, tu colles des bouboules anti-mites dans tes tiroirs et du Décolor Stop dans ta machine à laver. Tu es à « ça » de suggérer à tes invités de se déchausser avant de rentrer chez toi et d'investir dans une lampe Berger.

– Tu fais de l'aquabike. Car tu apportes autant de soin à ton corps qu'à ton trois-pièces. Et comme toutes les vieilles personnes, tu trouves tout à fait normal de partager tes petits pépins de santé à tes proches, même les plus intimes. Ainsi, comme mémé, tu t'es déjà plainte à haute voix de ton syndrome du côlon irritable et de ta vue qui baisse.

– Tu tries tes déchets.

– Tu as un jour été d'accord avec Valérie Pécresse.

– Tu ne sais pas comment fonctionne Snapchat.

– Tu pourrais physiologiquement être la maman du stagiaire du 3e. Et te sens donc autorisée à lui tapoter le haut du crâne en lui conseillant de bien travailler à l'école. OH MON DIEU, tu es devenue Gérard Klein.

– Tu sais qui est Gérard Klein.

– En revanche, ces douze derniers mois, tu as googlé les mots « BFF », « *swag* », « crari ».

– Tu es également passée de l'autre côté quand tu as, en permanence dans ton sac à main, ton petit cabas pliable Monoprix, « si pratique pour mettre ses courses ». Si tu as un cabas pliable dans ton sac ET un mini-parapluie, il est presque temps de réclamer l'extrême-onction. Si, après un déménagement, tu as immédiatement signifié ton changement d'adresse à la CAF, aux impôts, à la mairie, à EDF, et fabriqué une étiquette à ton nom pour la boîte à lettres sur l'imprimante du taf, je peux plus rien pour toi.

Perso, payer la taxe d'habitation de l'appartement que j'ai quitté en 1998, c'est ma petite astuce pour rester jeune.

Vieuxconnisation, la suite

Le processus de vieillissement accéléré des cellules et de la psyché évoqué précédemment mérite bien qu'on s'y attarde un peu. Parce qu'il faut bien dire la vérité aux Français, monsieur Elkabbach : passé 36 ans, ton corps, c'est une étagère Billy.

L'étagère Billy, quand tu l'achètes et que tu déballes ton petit carton après t'être bien fait chier dans la ZAC de Paris nord un samedi matin, elle est nickel. Elle fait le job, elle accueille docilement tes bouquins, tes vieux *Elle* et ta mini-plante grasse, sans broncher. Et puis, un jour, PAF. L'étagère Billy démissionne. Elle est là, toute branlante et de guingois dans ton salon. Elle sert plus à rien, elle menace de se casser la gueule, et t'es bien obligée de la remplacer par une étagère plus chère, mais plus solide.

Eh bien, le corps d'une personne de plus de 35 ans, c'est pareil. Un jour, sans rien avoir vu venir, il tient plus droit et il a un peu jauni. Du jour au lendemain, tu te prends un grand coup de déambulateur dans la gueule, et tu te vois jeter des bonbons Werther's Original dans celle de tes petits-enfants du haut de la grande pyramide de la vie.

Le moyen le plus simple de constater que ton corps a fait sécession, c'est encore de te la coller. Et de réaliser que, nous, les vieux, on a une gueule de bois qui dure soixante-douze heures jours ouvrables.

Jusqu'à 34 ans et demi, tu te remets d'une nuit blanche alcoolisée avec un Nurofen et un McDo. Mais, moi, la dernière fois que j'ai un peu abusé, et « abusé », à mon âge, ça veut dire que j'ai bu un spritz et que j'ai regardé Ruquier jusqu'au bout le samedi soir, j'ai mis une semaine à m'en remettre et j'ai failli appeler SOS médecins. Mon blanc de l'œil était jaune curry, un poney s'était visiblement niché dans ma dent creuse, et j'ai boité pendant une semaine.

À 35 ans ou plus, tu ne peux pas non plus boire de café après 17 heures, sinon tu dors mal et ça te file des palpitations. Du coup, comme il faut bien s'hydrater et que t'as bien compris que le chablis, ça comptait pas, ton corps est composé à 70 % de thé vert et tu songes sérieusement à t'équiper d'une sonde urinaire. Ah oui, parce que le jour où j'ai eu 36 ans, j'ai instantanément cessé de contrôler mes organes internes, vessie comprise. Même que j'ai acheté *Le Charme discret de l'intestin*[1] à la Fnac Saint-Lazare et que je fais désormais partie de ces gens très pénibles qui clament que « le ventre, c'est le deuxième cerveau », en saupoudrant leurs coquillettes de levure de bière.

1. Gulia Enders, *Le Charme discret de l'intestin.Tout sur un organe mal aimé*, traduction de l'allemand par Isabelle Liber, Actes Sud, 2015.

Double menton, aérophagie, pores dilatés… Tout ce que tu pensais réservé aux cadres dirigeants de Les Républicains a fait irruption dans ta réalité.

La partie très visible de l'iceberg, c'est évidemment les cheveux blancs que tu as renoncé à arracher à la pince à épiler parce qu'il te faudrait poser deux jours de RTT pour en arriver à bout. Mais, bien plus perfide que le cheveu blanc, et surtout plus humiliant, il faut aussi compter avec le blanchissement du reste de ta pilosité.

Eh oui.

C'est probablement le plus gros sujet d'omerta par ailleurs largement tu par la presse féminine, qui te dit comment tailler tes sourcils en accent circonflexe, mais qui ne te donne aucune astuce beauté pour lutter contre ce fléau : les poils de chatte qui blanchissent. En tant qu'être utérin, tu savais que la pilosité, c'est une case du grand loto de la vie. Pas de bol et paf, tu es l'heureuse propriétaire de ce qu'il convient d'appeler une moustache, que tu tenteras bien de dompter à gros coups de Blondépil Décolor, avant de souscrire un crédit *revolving* pour la faire disparaître au laser afin que tes copains à l'humour douteux cessent de t'appeler Edwy Plenel.

Toute femme qui se respecte aura également constaté qu'un poil peut subrepticement décider d'apparaître aux endroits les plus incongrus de l'anatomie féminine. Mauvaise nouvelle pour quiconque n'escomptait pas faire carrière en tant que belle-mère de Blanche-Neige. Mais les poils, globalement, on savait gérer. Jusqu'à ce qu'un jour, sous la douche et alors que tu t'enduis de gel douche « tarte aux

COUVRANCE
POUR VIEILLES PERSONNES

figues » (il faudra un jour qu'on parle de cette tendance qui consiste à tranformer le rayon hygiène de Monoprix en étal de Pierre Hermé), tu découvres qu'un ou deux poils blancs ont colonisé ta toison pubienne.

C'est généralement le moment où, bien plus qu'après avoir heurté un platane sur une départemantale un soir de réveillon, tu vois ta vie défiler. Où la seule question qui s'impose est : « Que fout ce putain de poil blanc sur mon sexe ? » Eh bien, désolée de te l'apprendre, chère lectrice, mais ce poil blanc et dru est là pour te dire que rien ne sera plus jamais comme avant.

Tout comme ce matin où un poil blanc est apparu sur l'un de tes sourcils. Tu peux bien invoquer la génétique et clamer que ta mère a blanchi d'un coup à 28 ans, ce sourcil bicolore te fait à peu près le même effet que le jour où tu découvres le décompte de tes points de retraite dans ta boîte à lettres et où une ado t'a cédé sa place dans le bus (la pute).

C'est comme les yaourts qui facilitent le transit : ce qui se passe à l'intérieur se voit à l'extérieur – et cela s'appelle « le virage de la quarantaine ». En tant que propriétaire de poils pubiens blancs, tu es désormais en droit de partager le champ lexical de ta mémé.

En effet, il y a un jour où, subitement, tu commences à employer des expressions de vieille personne mais au premier degré. Tu n'as pas un « parapluie » mais un « pépin ». Des témoins affirment même que tu as déjà proposé de « prendre un petit kawa ». Et, ô mon Dieu ! Tu te mouilles la nuque avant d'entrer dans la mer en gueulant « au début elle est froide, mais, après, elle est bonne ».

La Chaîne parlementaire, Body'minute ou le syndrome du désert sexuel

Je le sens bien dans l'œil torve de l'esthéticienne de chez Body'minute qu'elle me juge. C'est pas la paranoïa habituelle qui me persuade qu'une feuille de roquette recouvre intégralement une de mes incisives ou que j'ai un truc gênant collé dans le dos (il faut dire que j'ai un jour intégralement traversé Paris de façon diagonale avec une étiquette « Le Vieux Pané » collée sur le cul). Ni celle qui me conduit systématiquement à imaginer que chaque vendeur de chez American Apparel est capable de calculer mon indice de masse corporelle à l'œil nu au moment pile où je franchis le seuil du magasin. C'est ma doudoune Uniqlo qui me grossit et J'AI DE GROS OS, OK ?

Non, là, pour de vrai, elle m'observe intensément. Enfin, plus précisément, elle regarde ce qui dépasse de ma culotte, avec un petit air dégoûté. Pire, elle gueule à travers la cloison à sa collègue qu'elle « va pas avoir assez de cire, làààààà ».

Passé l'envie de lui dire que, d'après l'alinéa 140-26 de la convention de Genève, le port de collants chair et de teinture acajou te retire *de facto* le droit de juger

Je vais faire une pause. Et rapporter de la cire.
Ça va, c'est pas si terrible, c'est du duvet principalement !

qui que ce soit, je suis bien obligée d'admettre qu'elle a raison, Larusso. Y a un genre de laisser-aller. J'ai séché l'épilation aisselles-demi-jambes-maillot depuis quatre mois. Bon, OK, six mois. Rha, ça va, huit mois, mais c'est une année bissextile.

C'est qu'on se fait assez facilement à l'idée de ne pas raquer 28 euros pour se faire épiler et talquer l'entrejambe avec le double CD « Chants des oiseaux-chutes d'eau » de chez Nature et Découvertes en bruit de fond. En plus, ça fait des mois que la presse féminine, après nous avoir convaincues qu'un sourcil mal épilé était passible de prison ferme, nous explique finalement que, « le poil en liberté, c'est le nouveau noir ». Même l'actrice Cameron Diaz s'est improvisée ambassadrice du frifri velu en déclarant que « les poils pubiens servent de petits rideaux qui rendent votre sexe un peu mystérieux à quiconque vous convoite[1] ». C'est frais cette métaphore du rideau, mais moi, après huit mois de jachère, en lieu et place de petits voilages parme qui volettent dans une brise de printemps, j'ai des volets roulants Somfy pour baie vitrée.

Et puis, bon, moi, j'ai jamais rencontré un mec qui, en découvrant les 8 000 poils que l'on trouve sur un sexe non épilé, se met à brûler mon soutien-gorge au dessus de ma bougie anti-tabac pour me féliciter de m'être débarassée de cette injonction patriarcale. C'est une terre de contraste, un mec, parfois. Ça change sa housse de couette tous les trimestres, mais

1. Cameron Diaz et Sandra Bark, *Le Body Book. Connaître son corps pour s'assumer et s'affirmer*, Marabout, 2016.

ça fait son dégoûté si t'as pas un putain de triangle isocèle dans le slop.

C'est précisément parce qu'aucun homme n'est venu me « convoiter » que j'ai lâché l'affaire niveau poils (et de me brosser les dents tous les soirs avant de me coucher, mais je sens bien que c'est pas hyper-vendeur comme argument marketing, alors passons). C'est une des étapes du célibat de longue durée (oui oui, de longue durée, comme le chômage. Sauf qu'étrangement, aucun numéro de « C dans l'air » n'a été consacré à ta traversée du désert et à ta tentative d'inverser ta courbe).

Cette période que traverse tout célibataire : le moment où pas une *target* ne se pointe à l'horizon. Rien. Walou. Même le vague contact Facebook qui likait tous tes statuts et dont t'étais pas tout à fait sûre qu'il était pas en liberté surveillée s'est mis *« in a relationship »*. Ce collègue qui te tenait la porte beaucoup trop longtemps pour être honnête. Pouf pouf. À plus.

C'est comme ça que le temps commence à filer super-vite, que te demander à quand remonte ton dernier coït te creuse méchamment la ride du lion et que tu réalises que, depuis ton dernier rapport sexuel, les États-Unis ont changé de président, une autre guerre a éclaté au Moyen-Orient, et t'auras passé les soldes d'été ET les soldes d'hiver sans rien avoir vu venir. T'es entrée dans la catégorie que l'on nommera pudiquement « la fille qui met du vieux pain sur son balcon, pour attirer les pigeons ». La catégorie qui veut que ta vie soit tellement à chier que Jean-Jacques Goldman aurait pu en faire une chanson.

T'en es pas au stade où tu vas postuler pour une

étude scientifique sur la possible reconstruction de l'hymen après un long temps d'abstinence, mais ta vie sexuelle a atteint le stade critique où elle est moins excitante à observer que la Chaîne parlementaire, un jour de débat sur la Politique agricole commune. J'en suis même arrivée à conclure que, si ça se trouve, François Fillon a probablement eu son dernier orgasme il y a moins longtemps que moi.

On se fait chier, hein ?

C'est pas qu'on est pas bien, là, en jegging H&M, devant une vidéo de mini-chaton qui fait du mini-skateboard et un bol de soupe Liebig. Mais enfin, sans être un genre de dépendant sexuel, passé un moment, on finit par trouver le temps long.

Les premiers temps, tu commences à t'exciter sur n'importe quoi de vaguement phallique, un crayon HB, un platane, une borne Vélib'. Puis tu relativises en clamant que : « huit mois, c'est pas la fin du monde, hein ». Certes, mais huit mois, c'est quasiment une gestation. Y a des meufs qui ont eu le temps de développer des membres et des organes miniatures à l'intérieur d'elles, alors que le truc le plus abouti que t'as fait sur le plan de l'épanouissement personnel, c'est valider ton panier La Redoute. Puis vient le moment où, telle la petite fille aux allumettes, tu te laisses crever sur le trottoir transie de froid et abandonnée de tous. Enfin, c'est une image pour dire que tu lâches l'affaire. Tu te dis le plus sérieusement du monde qu'à 38 ans, ta vie amoureuse et sexuelle est derrière toi et qu'on peut parfaitement vivre sans sexe et sans amour. Aung San Suu Kyi

l'a fait quand elle était prisonnière dans les geôles birmanes pendant dix ans, non ? D'aucuns diront qu'elle a occupé son temps à choper un prix Nobel de la paix pendant que, toi, tu regardais ta vidéo de chaton sur son mini-skateboard, mais c'est pour donner une échelle. Tu tapes « célibataire célèbre » sur Google. Tu commences à dire des trucs définitifs du genre « nan, mais l'amour, c'est pas fait pour moi », avant de te rendre compte que c'est sûrement ce que disent les gens avant de rouler à contre-sens sur une départementale. C'est généralement là, quand t'y crois vraiment plus, que tu commences à utiliser le mot « célibattante », mais de manière non ironique ; que, toi aussi, tu changes ta housse de couette tous les trois mois, que BIM, l'amour frappe à ta porte. Enfin, tu t'es juste fait *poker* sur Facebook par le mec au bracelet électronique qui n'est visiblement plus *« in a relationship »*. Là, tu te souviens que les seules personnes qui emploient le mot « célibattante » au premier degré sont en dépression. Et tu reprends ta vie en main. Bon, en fait, tu *pokes back*. Et tu affrontes le regard de l'esthéticienne en songeant que, si ça se trouve, la pauvre, ça fait huit mois qu'elle a pas eu une *target*. Rien. Walou. Et que, quand même, si c'est pas malheureux, l'aigreur des célibataires de longue durée.

Booster son célibat

D'abord, je tiens à dire que, dans l'absolu, je n'ai rien contre la presse féminine. Vraiment. Je suis moi-même lectrice occasionnelle de ce type de magazines. Il m'arrive en effet de lire *Biba*, *Elle* ou *Glamour* de temps en temps. Mais enfin, entre nous, à ce stade de mon existence, on peut estimer que je ne suis pas tout à fait une référence en termes de projets de vie.

Reste que, en qualité de lectrice, j'ai eu le loisir d'observer quels sont les marronniers de la presse féminine. Et l'un de leurs sujets de prédilection, c'est bien le couple. Dans tous ses états :

– 7 conseils pour faire durer son couple

– Les bons sports à pratiquer en couple

– Quel type de couple formez-vous ?

– Prendre un amant peut-il sauver son couple ? (*Spoiler* : NON !)

– Combien de temps votre couple va-t-il durer ? (Nouveau *spoiler* : STATISTIQUEMENT ? PAS TRÈS LONGTEMPS.)

– Quelle pizza êtes-vous ? (Ah non, pardon, ça, c'est un quiz BuzzFeed, mon autre passion après les tests psycho de *Marie Claire*.)

Et que dire de cet article de *Elle* sobrement intitulé : « La fellation, le ciment du couple[1] ? » Un article faisant intervenir des témoignages expliquant que le secret de longévité du couple, ce n'est pas les concessions, la communication, le partage des tâches ménagères. Mais la fellation. Des femmes racontaient que, selon elles, plus qu'une pratique sexuelle, la pipe est un vrai mode de vie.

Pour Adèle, 39 ans, rien de tel qu'une bonne pipe pour faire imposer ses choix de décoration ou de vacances. Et Julie, 35 ans, d'ajouter : « No pipe si j'ai un truc à lui faire payer : petite dernière oubliée à la crèche ou tas de linge s'accumulant. Mais fellation à volonté si j'ai besoin de me faire pardonner quelque chose ou de l'amadouer, pour qu'il garde les enfants quand je pars en séminaire[2] ! »

Vous, je ne sais pas, mais moi, mon mec oublie d'aller chercher la gosse à la crèche ou ne lave pas ses chaussettes, je le suce, mais avec les dents. Reste que le sujet de prédilection de la presse féminine et des sites Internet qui ont fleuri sur la question reste bien la solidité du couple et les manières d'y contribuer. Il est, par exemple, conseillé de s'offrir mutuellement des petits cadeaux surprises, comme ça, sans occasion particulière. Oh, pas grand-chose hein : un bouquet de fleurs, un pull, un Christan Jacq s'il a pas lancé une machine. Un magazine suggère ainsi d'offrir une Smartbox « dégustation de vin » à sa moitié. Je suis

1. http://www.elle.fr/Love-Sexe/Sexualite/Dossiers/La-fellation-le-ciment-du-couple-2120880

2. *Ibid.*

peut-être un peu tatillonne, mais je crois que c'est difficile d'offrir un cadeau moins romantique qu'une Smartbox. Juste avant, t'as la boîte de Pyrénéens, et la carte cadeau Fnac. Si un mec avec qui je vis et ai éventuellement fait un enfant m'offre une Smartbox, je le suce avec les incisives.

Il est également fortement recommandé de s'offrir des petits moments à soi, à la maison, sans télé, mais avec un petit fond musical. Et de se mettre dans l'ambiance avec une playlist *ad hoc* comportant du Barry White et la BO de *Titanic*, *« My Heart Will Go On »* de Céline Dion. Je me trompe peut-être, mais je crois que remplir son devoir conjugal sur une chanson qui parle d'un mec qui meurt nécrosé par l'hypothermie, ALORS QU'IL Y AVAIT DE LA PLACE SUR LA PLANCHE, c'est pas le truc le plus excitant du monde.

Mais la nouveauté, il faut bien l'admettre, c'est que presse féminine et sites pour meufs s'intéressent enfin aux célibataires et leur distillent à eux aussi des petits conseils de vie. Simplement, la sémantique n'est pas la même.

On apprend aux gens maqués à « booster leur couple » et aux célibataires à « mieux vivre leur célibat ». Parce que, visiblement, un couple, ça se booste…, le célibat, ça s'endure. Un peu comme une chimio. Et cette idée qu'être en couple et le rester est un choix, tandis que le célibat, c'est le Téléthon, ça se confirme dans les fameux conseils « lifestyle ».

Ainsi, comme on n'est pas des rats, les célibataires sont eux aussi invités à se faire des petits cadeaux à eux-mêmes de temps en temps. Le site Célibattant.com, magazine de coaching pour les célibataires qui ne se laissent pas abattre, suggère aux célibataires de se chouchouter en s'offrant par exemple : un appareil à raclette individuel.

Si la pipe est le ciment du couple, le morbier pour une personne et la mini-coupelle à fromage sont les parpaings du célibat.

Les célibataires sont aussi fortement enjointes à pratiquer un sport pour ne pas se laisser aller et faire du gras. Si vous êtes une femme seule, inscrivez-vous donc à un stage de krav-maga ! Vous resterez célibataire, mais saurez comment pulvériser un ménisque.

Vous pouvez également vous chouchouter en vous préparant un bon petit repas en solo, avec bougies, nappe et tout le bordel.

On n'est pas bien, là ? Seule toute, avec son tarama et sa bougie Diptyque ?

Pour l'ambiance musicale, vous pourrez compter sur la « playlist des célibataires » concoctée par Deezer. Dans laquelle on trouve « Résiste » de France Gall et *« All by Myself »* de Céline Dion (encore elle).

Toujours cette petite idée que tu vas crever toute seule dans ton F2 avec ton excès de sébum.

S'il vous reste un peu d'énergie et de dignité, vous pourrez toujours vous consoler avec l'horoscope pour célibataires fourni par quantité de titres de presse. Où vous apprendrez que, ouh là là, Mars est en Saturne jusqu'en 2022 et que, par conséquent, il va falloir « être patient côté cœur et diversifier vos occasions de faire des rencontres ». Genre trouver le mec d'Adèle, 39 ans, et le sucer, même si vous n'avez pas de papier peint à choisir. Juste pour la faire chier.

Les VRP du couple

Bien sûr que ça fait aigrie de dauber sur ses amis-couples. Bien sûr que, quand j'étais moi-même en couple, je faisais des trucs pénibles comme répondre « on » quand on me disait « tu », ou enregistrer un message d'accueil à deux, en canon, sur le répondeur de la maison. Car, oui, je suis assez vieille pour avoir eu un téléphone avec répondeur chez moi. J'ai aussi eu un compte commun, c'est dire si je suis calée en symbiose.

Mais enfin, comme je suis désormais passée du bon côté de la barrière, c'est-à-dire celui des gens qui n'utilisent pas la troisième personne du singulier pour décrire toutes leurs activités (« on a découvert un super-resto », « on a vraiment envie de quitter Paris », « on a arrêté le gluten »), je suis désormais capable de mesurer le degré de pénibilité des amis-couples. Non pas que je me sois d'emblée liée avec des amis-couples. Chronologiquement, je suis devenue copine avec une personne, qui était en couple ou l'est devenue sur le tard, et la règle veut visiblement que le partenaire se transforme alors en poisson-pilote. Tu n'es plus copine avec Véronique, mais avec Véro et Ludo (c'est fascinant, d'ailleurs, cette façon qu'ont les couples fusionnels d'escamoter les dernières syllabes de leur prénoms respectifs). Voire avec VéroetLudo, tant le couple est fusionnel et évolue dans la vie comme les deux sœurs siamoises pas séparées à la naissance que j'ai vues dans « Tellement vrai » sur NRJ 12 qui respirent avec le même œsophage et partagent le même pancréas.

En tout cas, même si Véro et Ludo possèdent tous les deux des appareils respiratoires et des organes internes bien distincts, ils se déplacent toujours à deux. Tu cales un dîner avec ta pote Véro, et choisis une table pour deux dans le resto où tu es arrivée en avance. GROSSE ERREUR. Parce que Véro va t'annoncer à peine arrivée que, justement, Ludo avait « un truc » dans le coin et qu'il va « peut-être » vous rejoindre pour le dessert. Ludo déboulera dès l'apéro, et tu le soupçonnes de s'être planqué dans un angle mort du resto avec une fausse barbe et un journal avant de débarquer l'air de rien, comme s'il passait en effet justement par là. Parce que le couple fusionnel n'avouera jamais qu'il est fusionnel. Au contraire, ils vont la jouer super-indépendants. « Nan mais, nous, on se réserve UN SOIR PAR SEMAINE l'un sans l'autre. Le mercredi, Ludo joue au poker avec ses potes et, moi, je vais à la salle de sport. »

Je veux pas jouer les oiseaux de mauvais augure, Véro, mais je crois que le mercredi, Ludo nique grâce à Tinder pendant que, toi, tu fais du bodybump. Ou l'inverse, peu importe. Mais quand tu cales une soirée par semaine pour vivre ta vie, il est temps de se poser des questions.

Nous ? On est super-indépendants !

Heureusement, on est vieux, donc les amis-couples nous épargnent ce que les VéroetLudo de seconde B avaient coutume d'infliger à leur entourage – à savoir échanger leur salive sur la banquette du café du coin devant tous leurs copains puceaux. Véro et Ludo ne se galochent plus devant toi. Mais ils font bien pire. Ils organisent des vacances. Dès le mois de février, tu es l'un des heureux destinataires d'une chaîne de mails dont l'objet est « VACANCES À PLOUHA ». Déjà, la perspective de passer quinze jours dans les Côtes-d'Armor t'excitait passablement. Mais quand tu réalises que les autres destinataires du mail sont eux aussi des amis-couples, tu sais que la première quinzaine d'août va être infernale. À bien y regarder, passer tes vacances chez Satan est plus réjouissant, parce qu'au moins, dans les flammes de l'enfer, tu vas pas te peler le cul et finir chez Décathlon pour t'acheter une polaire à 39,99 euros.

Comme tu ne peux décemment pas dire à VéroetLudo que tu préférerais encore partir en solo sur une croisière Costa que passer quinze jours dans un Airbnb breton mal chauffé avec un unique sanibroyeur, tu finis chaque été en ciré avec tes amis-couples. Tu seras donc l'unique célibataire dans la location saisonnière. Ne va surtout pas croire que ça va t'allouer des passe-droits. Genre, payer moins cher. Au contraire, tu vas payer autant que chaque couple de la maisonnée « parce que c'est trop compliqué de diviser autrement que par couple ». Tu vas t'acquitter de ta part de courses chez Carrefour impliquant des quantités astronomiques de compotes en gourde et de coquillettes cuisson trois minutes, même si, pendant ces quinze jours, tu vas t'alimenter essentiellement de vin blanc au cubi et de nachos. Pire, au moment de la répartition des chambres, tu vas hériter de la chambre d'ado avec lit-cabane une place, posters de Zlatan Ibrahimović au mur et vague odeur de chaussettes portées recto-verso, tandis que les amis-couples vont pioncer dans les deux suites parentales avec bidet et cheminée.

Sache aussi que si, en tant que mère célibataire, tu as toi-même amené ta progéniture, cela ne t'octroie pas pour autant les mêmes droits que les amis-couples-avec-enfants. Pire, comme tu es la mère d'un enfant unique et que VéroetLudo, comme les autres, ont respecté la règle des 2,1 enfants par couple français, ils vont estimer que tu as l'énergie necessaire pour gérer ta gosse ET leurs gosses. Voilà comment tu te retrouves à beurrer les tartines de huit enfants à 8 heures du matin – parce que tu es forcément moins fatiguée que tes amis-couples parents d'au moins deux chiards. Limite, tu te fais engueuler parce que t'as pas mis ses brassards à Gaspard. Un conseil : si vous êtes célibataire et que vos amis-couples vous invitent à passer des vacances avec eux en Bretagne (ou à La Grande-Motte, je suis pas sectaire), FUYEZ. Ils se sont probablement fait larguer par leur jeune fille au pair suédoise et comptent sur vous pour coucher les gosses pendant que Ludo besognera Véro dans la suite parentale (y a ni la 3G ni Tinder dans la loc').

Mais les vacances dans les Côtes-d'Armor à te peler le cul et à faire les marionnettes avec les doigts

T'es sûre que tu veux pas rentrer ?
On est le 15 Août bordel ! Je reste

pour des enfants qui ne sont pas les tiens et qui te refilent donc même pas de part supplémentaire sur tes impôts ne constituent pas le pire effet collatéral d'avoir des amis couples.

Le pire du pire, c'est bien quand tu deviens la cause humanitaire de VéroetLudo. Ils avaient le choix entre adopter un enfant dénutri au Malawi ou parrainer ta vie sentimentale. Ils ont choisi ta vie sentimentale. Certes, c'est toujours ça que Madonna n'aura pas, mais, en attendant, c'est à toi de gérer les tentatives pas du tout subtiles des amis-couples de te refourguer le premier bipède venu. L'ami-couple, il déteste avoir une copine célibataire, même si c'est hyper-pratique pour combler les trous sur un plan de table. C'est que, quand on est un couple, avoir un ami célibataire, c'est un peu comme avoir un pote veuf, pied-bot ou néo-nazi. Ça fait de la diversité dans le répertoire de l'iPhone, mais ça te rappelle tous les jours que le pire est possible : décès d'un conjoint, perte d'un membre inférieur, nomination à la mairie de Hénin-Beaumont, ou divorce. Le couple déteste l'idée qu'il a pu un jour vivre seul, sans personne avec qui remplir une feuille d'impôts ou regarder « Le plus grand pâtissier du monde ». Donc, toi, là, avec ton célibat en bandoulière, tu es de mauvais augure. Du coup, ils vont s'escrimer à te faire rentrer dans le rang : celui des couples éligibles à la Smartbox week-end détente à deux dans les châteaux de la Loire.

VéroetLudo (vous avez compris, à ce stade, que si vos amis-couples à vous s'appellent BénéetPhilou, ça marche aussi, hein) vont donc te présenter tous les êtres péniens de leur entourage : cousin, voisin, contrôleur SNCF, fromager, vendeur de chez Célio. Oh, ils n'ont pas de critères très pointus. Si le mec est majeur, a suffisamment de dents, un casier judiciaire vierge (ou, le cas échéant, a été gracié par François Hollande), il mérite, selon eux, de vous être présenté. Vous n'allez pas faire la fine bouche, non plus.

C'est comme ça que vous vous retrouvez un jour à dîner à côté du cousin du gardien d'immeuble de Véro, qu'on essaiera de vous fourguer à grands coups de « c'est fou, vous avez plein de points communs », l'acception des termes « points communs » devenant assez large : « C'est fou, vous avez tous les deux des tibias, une carte d'électeur, un Pass Navigo et vous aimez les pâtes, vous êtes faits-l'un-pour-l'autre. »

Les moins lourdaux de vos amis-couples emprunteront des chemins plus subtils pour tâcher de vous maquer. On m'a un jour traînée au Salon du mariage, censé me donner envie d'épouser n'importe qui, dans le seul espoir de commander un jour une sculpture en mortadelle et les services d'un DJ-cracheur de feu-guitariste de jazz manouche.

D'autres amis-couples m'ont aussi vanté les charmes de la vie en louant la belle complicité de couples célèbres : Marion Cotillard et Guillaume Canet, Barack et Michelle Obama, Jay-Z et Beyoncé. Sur l'air de « à deux, on est toujours plus forts ». J'ai même pas répondu que, pour les 123 femmes mortes de violence conjugale en 2016, visiblement, y'en a un des deux qui était un peu plus fort que l'autre, quand même.

Finalement, la qualité des amis-couples, c'est qu'ils te rappellent tous les jours que : « Putain, comment j'ai fait un jour pour laisser un message d'accueil sur mon répondeur en canon et pas me respecter à ce point. »

Bienvenue au Club

Il arrive très souvent que certains de mes amis s'inquiètent de savoir si « ça va ». Si je m'en sors toute seule, entre l'Enfant personnel, le boulot et... Bah, entre l'Enfant personnel et le boulot, quoi. (Parce que, soyons franches, ma vie se décompose de la sorte : l'Enfant personnel, le boulot, et me laver les cheveux un jour sur deux. Or, cette dernière activité ne requiert qu'assez peu d'abnégation.) Généralement, la question est posée la tête légèrement penchée et avec le même air que si on me demandait si je m'habitue à la chimiothérapie ou si ça a pas été trop dur de traverser la Méditerranée sur un matelas pneumatique pour fuir les bombardements de Bachar el-Assad. Pour compenser l'effet vaguement humiliant de la démarche et son côté « petite sœur des pauvres », cette interrogation est généralement assortie d'un : « Nan, mais je sais pas comment tu fais, hein. Moi, j'ai vachement de respect pour les mères célibataires. Gérer le quotidien, les imprévus, SEULE. SANS PERSONNE. Sans jamais pouvoir se reposer sur quelqu'un d'autre, franchement, c'est bluffant. Moi, même avec l'aide de ma nounou, de mon mec et de ma mère, je m'en sors pas. Je suis dé-bor-dée. Franchement, respect. »

Passé l'impression fugace d'être tout à la fois Beyoncé et un cas social, je réponds généralement que oui, oui, ça va. C'est pas facile tous les jours, c'est sûr, mais avec un peu d'organisation, on s'en sort très bien.

Et c'est la vérité. Je réussis toujours à me démerder pour être à deux endroits en même temps. Il n'y a aucun imprévu que je ne sois capable de surmonter. Sans trop savoir comment, je parviens à coller un shampoing antipoux tout en payant mon tiers provisionnel, à faire réciter les rois de France tout en gérant la grève de l'école du lendemain et en engueulant le chat parce qu'il a chié sur le lit.

Bon, il y a bien eu une fois où j'ai été tentée de répondre que non, putain, ça va pas du tout. C'est la merde même, je m'en sors pas, je suis fatiguée, j'ai besoin d'un coup de main et je veux ma maman. Deux fois même, tout bien réfléchi. Deux fois, où je me suis dit un peu honteusement que, oui, j'aurais bien besoin d'un homme dans ma vie, là, tout de suite.

Je veux bien être une femme seule mais forte, comme dans les chansons de Beyoncé, mais c'est pas Beyoncé qui va changer l'ampoule de la cuisine. Parce que, voilà j'ai eu beau m'inscrire au cours de bricolage du BHV et décréter que changer un joint ou poser une étagère ne nécessite à aucun moment l'intervention d'un pénis, ça fait bientôt six mois que l'ampoule de la cuisine a grillé et que je suis physiquement incapable de la remplacer. Pas parce que je ne saurais pas faire. Depuis les ateliers BHV du samedi après-midi, je pourrais même poser un carrelage en quinconce. Mais pour la simple et bonne raison que la hauteur sous plafond de ma cuisine est de plus de 3,5 m et que je mesure à peine 1,62 m. Eh oui. Mon appart est suffisamment exigu pour que je dorme à 25 cm de la caisse du chat (ce qui peut expliquer que ledit chat défèque sur ma housse de couette en lin) et à peu près autant de la porte d'entrée, mais, verticalement parlant, c'est Chambord. Évidemment, je pourrais faire l'acquisition d'un escabeau, grimper dessus et changer cette putain d'ampoule seule. Mais j'ai le vertige. Pas le vertige un peu mignon de la meuf qui pousse des petits cris apeurés au cours d'une balade sur les falaises d'Étretat un après-midi venteux d'automne. Non, moi, si je monte sur une chaise, je ne contrôle plus mes sphincters.

Les premiers temps, on s'habitue très bien à cuisiner quasi dans le noir. Surtout si ça revient essentiellement à réchauffer des nuggets ou à dépiauter le Cellophane autour des bâtonnets de surimi. Suffit de maîtriser la technique qui consiste à coincer l'iPhone sur fonction lampe-torche entre le menton et la poitrine pour garder les deux mains libres, ou à caler les horaires des repas en fonction du lever et du coucher du soleil. Mais il faut bien avouer que, après un semestre passé à tâtonner pour me faire un café le matin et à dîner à 18 heures, il est devenu de plus en plus difficile de nier l'aspect un brin pathétique de la situation.

Franchement, payer l'équivalent de trois RSA pour un appartement et songer sérieusement à investir dans une lampe frontale pour pouvoir beurrer les tartines de l'Enfant personnel, voilà l'un des rares moments où j'ai réalisé que, en effet, il manquait un homme dans mon quotidien. Ou n'importe qui mesurant plus de 1,70 m d'ailleurs. Alors, comme il m'a semblé que la situation ne méritait pas non plus d'activer enfin ce fameux compte Tinder ou de demander à un collègue masculin de venir visser mon ampoule en laissant planer le doute sur l'ambiguïté de l'expression, j'ai fini par décider que me coltiner le vertige et ses effets indésirables était probablement moins complexe à gérer qu'un coup d'un soir. J'ai acheté mon escabeau, je suis montée dessus, j'ai dévissé l'ampoule défectueuse. Essayé de visser la nouvelle ampoule. Découvert que c'était pas une ampoule à vis, mais l'autre genre d'ampoule, là. Suis allée acheter une nouvelle ampoule. Suis remontée sur l'escabeau. Ai remplacé l'ampoule. Ai réchauffé des nuggets. Tout ça avec des palpitations et la nausée, mais comme une grande. Seule.

La seconde, et dernière fois à ce jour, où l'absence d'un homme dans ma vie s'est fait cruellement et très pragmatiquement sentir, c'est lors de nos dernières vacances en Grèce, à l'Enfant personnel et à moi. Laissez tomber le cliché qui veut qu'un homme en vacances, c'est pratique pour t'étaler de la crème solaire dans le dos et combattre les méduses à mains nues. Faux. Un mec en vacances, c'est juste pratique en cas de deux valises à roulettes.

Car la valise à roulettes a visiblement été inventée par le lobby des gens qui considèrent qu'on ne part en vacances qu'à deux ou, en tout cas, avec une seconde personne physiologiquement capable de traîner sa propre valise à roulettes. Parce que, quand tu pars avec ton gosse en vacances, arrive fatalement le moment où tu vas devoir te déplacer avec sa valise à lui et ta valise à toi, monopolisant ainsi tes membres supérieurs C'est ça ou le sac à dos multipoche bien plus pratique, mais assez peu seyant pour qui ne souhaite pas avoir la dégaine d'un zadiste joueur de diabolo en partance pour Kho Samui. Va pour les deux valises à roulettes, alors.

Trois heures et trente minutes d'avion, une heure de bateau et trente bonnes minutes de voiture pour arriver au Poseidon, charmant B&B de la non moins charmante île d'Amorgos – je suis hyper-fière de l'enfant qui n'a vomi à aucun moment du voyage, et ce malgré les perturbations, vagues et autres virages. Merci Seigneur, merci le Vogalib.

Toutefois, alors que la propriétaire de l'hôtel nous fait nonchalamment visiter le bar, la piscine, l'accueil, etc., je vois bien que l'Enfant personnel est vert guacamole. Les deux mains occupées par nos deux valises à roulettes respectives, je ne peux que la soutenir moralement et lui enjoindre par le regard de ne surtout pas vomir sur les fleurs qui bordent le chemin nous conduisant à notre chambre, pendant que la propriétaire qui nous devance, nous vante les nombreuses confitures maison du buffet du petit déj. Mais mes compétences de mentaliste ne sont probablement pas tout à fait au point puisque les joues de l'enfant se gonflent subitement. Elle lit dans mes yeux qu'elle n'a EN AUCUN CAS le droit de gerber sur les bégonias. De mon côté, j'ai à peine une demi-seconde pour lâcher mes deux valises et tendre mes mains en coupe pour recueillir le vomi (un automatisme que tous les parents acquièrent très vite et qui est ô combien désespéré et inutile, puisque l'étanchéité de dix doigts joints n'a à ce jour toujours pas été démontrée). C'est à ce moment que l'enfant, mue par un réflexe de survie, se saisit du sac à main 100 % croûte de cuir que je porte en bandoulière, en soulève le rabat et dégobille copieusement à l'intérieur, sur la doublure en satin, sur les passeports, sur la liasse de billets, sur ma pochette à maquillage évidemment béante, sur les clés de la maison, le paquet de clopes et le briquet. Tout à son babillage, la propriétaire n'a rien entendu, les bégonias sont saufs, et je n'ai pas eu à mettre mes mains en coupe pour servir de bassine à vomi.

Un an après, le sac à main dégage toujours cette odeur un peu âcre et il m'arrive de retrouver des substances sèches et suspectes sur mon passe Navigo. Pour résumer, j'ai des excréments de chat sur mon lit et du vomi séché dans mon sac à main. Et ça, j'ai eu beau chercher, ce n'est pas dans les chansons de Beyoncé.

Je parle pas toute seule, j'ai un chat

Si j'ai possédé quatre chats au cours de ma courte vie, ça n'est pas parce que j'aime particulièrement les félins. Je n'ai jamais possédé de calendrier avec des photos de chatons mignons dans des petits paniers en osier. Ni de photo de chat en fond d'écran. Enfant, je n'ai jamais réclamé d'animal de compagnie à mes parents. En tant que membre d'une grande fratrie, j'ai déjà jamais réussi à leur faire penser à me filer un goûter pour l'école, et, un jour, on m'a oubliée deux heures dans la voiture sur le parking d'Auchan. J'avais 14 ans. J'ai donc assez vite tempéré mes envies de caprices et de poney à Noël. C'est déjà un miracle que je sois restée en vie jusqu'à ma majorité, je n'allais pas en plus réclamer une huitième bouche à nourrir.

En réalité, je suis devenue une fille à chat par hasard, après avoir gardé celui d'une amie pendant tout un été.

Et si j'en ai possédé autant, c'est parce qu'on nous ment sur la longévité de ces bestioles. Ça vit vingt ans, mais seulement si tu mures toutes tes fenêtres, que tu les nourris de truites fraîchement pêchées et sans arêtes, et que tu leur fais passer une visite médicale tous les six mois.

Enzo, paix à son âme, est mort d'une crise cardiaque à cause d'une malformation pas diagnostiquée. Je me suis fait salement engueuler par le véto, qui m'a reprochée de pas avoir géré le suivi médical de mon chat. Alors que bon, pardon, ça fait six ans que j'ai pas mis un pied chez le dentiste (astuces DIY : on peut colmater sa dent creuse chaque matin avec de la mie de pain). Faire passer une IRM à mon chat n'était pas en haut de ma *to do list*.

Agent Cooper s'est défenestré. (Bon, et je ne suis pas descendue le chercher, je me faisais un masque pour les cheveux.)

Adèle, cette *drama queen*, a fait une dépression nerveuse. J'ai dû la mettre sous antidépresseurs et la confier à une famille plus aimante. Aujourd'hui, je suis l'heureuse propriétaire de Pompom, adorable chatte de 4 ans. Enfin, ça, c'est quand elle est pas en chaleur et qu'elle n'essaye pas de se faire féconder par mon petit orteil ou l'angle d'une multiprise. Amis célibataires, vous ignorez ce qu'est la misère sexuelle tant que vous n'avez pas vu une chatte en chaleur se déplacer en raclant le cul sur le parquet, dans l'espoir d'obtenir un orgasme en se faisant pénétrer par une écharde.

Bref, vu mon palmarès, techniquement, je suis une fille à chat. Et ça n'est évidemment pas un compliment. Dans l'imaginaire collectif, être une femme, avoir plus de 30 ans et posséder un chat revient à puer la solitude et la croquette. Notez d'ailleurs qu'un homme quadra célibataire et propriétaire d'un chat à poils longs sera, lui, auréolé de l'image romantique.

Et c'est vrai, ma vie est plus belle depuis que je suis propriétaire de chats. Encore que le mot « propriétaire » ne soit pas adapté. Je suis pas leur propriétaire, je suis leur BFF *(best friend for ever)* et inversement.

Un chat, déjà, c'est la garantie de ne jamais se sentir seule. Je sais bien que c'est pathétique de le confesser. Mais c'est la pure vérité. Sinon, on ne conseillerait pas aux gens qui souffrent de la solitude de prendre un chat. C'est parce qu'on sait que rentrer chez soi, fourbu après une journée atroce au bureau, et être accueilli par un petit être tellement heureux de vous retrouver, restaure l'estime de soi. Peu importe qu'il se frotte à tes mollets pour que tu lui remplisses sa gamelle : avoir un chat, c'est avoir la garantie que quelqu'un t'attend quelque part. D'ailleurs, peut-être que, si Anna Galvalda avait adopté un chat, ça nous aurait épargné une bonne partie de sa littérature en tête de gondole au Relay.

Ensuite, le chat est un formidable sujet d'observation pour qui aspire à être émotionnellement autosuffisant. Pour la simple et bonne raison qu'un chat n'a besoin de personne pour son bien-être.

J'ai beau avoir assez de recul sur moi-même (je suis Scorpion), je ne m'explique toujours pas le fait que je sois capable de rompre avec un mec qui m'aura souhaité mon anniversaire trop tard (6 h 59 du matin, soit avant le « il est 7 heures, vous écoutez France Inter » de Nicolas Demorand, c'est DÉJÀ TROP TARD), mais je vis assez bien le fait de poser un matin sur deux ma voûte plantaire sur le dégueulis grumeleux déposé par mon chat au pied du lit.

Car la fille à chat a ceci de particulier qu'elle entretient des rapports complexes avec son animal de compagnie. Pour dire les choses plus simplement : elle pourrait tuer pour son chat, mais serait aussi tout à fait capable de passer ce dernier à l'extracteur de jus ou de le dépecer pour en faire une étole. Car ce dernier se comporte la plupart du temps comme un connard. Prenez n'importe quel article de *Psychologies magazine* sur les pervers narcissiques, remplacez le pronom masculin par « Pompom le chat » et vous aurez une idée précise de la nature des relations femmes/chats.

Point définition (glanée sur le site http://pervers-narcissiques.fr). Les annotations sont évidemment de moi.

Le manipulateur pervers narcissique est un être déviant, atteint d'un trouble de la personnalité aiguë. (Pompom peut en effet passer de « égérie d'un calendrier de la poste » à « connard sociopathe ».)

C'est un manipulateur doublé d'un pervers qui ne ressent aucune compassion ni culpabilité. (Le chat n'en a en effet rien à foutre d'avoir déchiqueté tous tes tampons pour qu'ils s'ouvrent en corolle sur ton parquet ou d'avoir chié sur ton 501. Un jour où je chialais sur mon canapé, mon chat est venu lécher mes larmes – oui, je sais, c'est dégueulasse –, j'ai trouvé ça super-mignon, j'ai failli en faire une story Instagram, et puis je me suis rendu compte que j'avais juste oublié de remplir son écuelle d'eau.)

Le pervers narcissique ne communique pas clairement. Impossible de connaître avec exactitude ses demandes, ce dont il a besoin, ses sentiments comme ses opinions. Il fait en sorte que sa proie soit perpétuellement en train de chercher à le comprendre (et là, vous vous voyez acheter un kilo de croquettes chez le vétérinaire, dont le prix suffirait à vous offrir un coquet deux-pièces dans l'est parisien, simplement parce que ce sont les seules croquettes que Pompom digère bien).

Il joue avec ses victimes, qui ne sont pour lui que des objets (le chat ne fait pas la différence entre une baballe et ton globe oculaire, une seconde d'inattention et, paf, tu es borgne).

De son immaturité découle un comportement à 100 % centré sur lui-même, qui est justifié par le fait que sa survie même en dépend. Le chat, lui, a au moins la décence de planquer son caca. Et, surtout, il ne dit pas de mal de mes copines, il se contente de filer leurs collants.

Secret Girls

Adolescentes mal coiffées et noyées dans nos sweat-shirts Fido Dido, nous avons toutes joué à Secret Girls dans les années 90. Sauf vous, vénérables aînées et, vous, saletés de jeunes.

Nos parents ne s'interrogeaient pas tellement sur la pertinence d'offrir à leurs gosses un jeu qui ferait aujourd'hui un très bon nom de compte YouPorn. Car il était peu question de sexe dans ce jeu de société (notez qu'il est rarement question de sexe dans les jeux de société, même si un ami a inventé une version vaguement SM du Trivial Pursuit, mais c'est une longue histoire). Non, Secret Girls, c'était juste trois jetons et cinq pauvres cartes qui devaient servir de supports à des « révélations et des confidences entre filles ».

Entre filles chiantes, puisque qu'il s'agissait essentiellement de dévoiler qu'on avait triché au test de maths, ou que, dans *Hélène et les Garçons*, le plus beau, c'est José. Des filles chiantes et malvoyantes, donc.

Pendant que les garçons étaient encouragés à occuper leur temps libre en courant comme des épagneuls dans des stades, les filles, elles, étaient priées de s'enfermer dans une chambre pour se chuchoter des secrets en se brossant mutuellement les cheveux (ce qui ferait aussi un bon thème de chaîne YouPorn).

C'est que les conversations entre femmes font l'objet de nombreux fantasmes, cinématographiques notamment. Une étude basée sur l'analyse de plus de 2 000 scripts de longs-métrages avait révélé que, quand une fiction comporte des scènes de dialogues entre des personnages féminins, ces dernières parlent essentiellement… de garçons, hihihihi. Tandis que, quand des personnages masculins papotent, c'est pour savoir comment envahir Sparte ou déjouer une attaque chimique.

Ce cliché de la bande de filles gazouillantes autour d'une salade César est d'ailleurs étayé par quelques analyses sociologiques.

Selon Agnès Michaux, auteure de *100 % française*[1] et citée par *L'Express*[2], 24 % des femmes mariées aimeraient pouvoir partir en vacances entre célibataires. Et 42 % des Françaises estiment que l'homme idéal doit accepter de les laisser sortir seules le soir avec une copine.

Cette idée qu'une femme doit avoir besoin de l'autorisation de son conjoint pour sortir boire des coups avec une copine me sidère. Je m'étais presque faite à l'idée qu'on gagne moins, tout en en faisant plus,

1. JC Lattès, 1994.
2. « Ce que les femmes disent entre elles », par Jacqueline Remy et Cécile Thibaud, *L'Express*, 9 juillet 1998.

mais si le patriarcat doit même nous empêcher de nous péter la gueule entre meufs, on va pas tarder à entrer en lutte armée.

Le « groupe de copines » est aussi un énorme fantasme masculin. Beaucoup d'hommes étant persuadés que, quand des femmes se retrouvent entre elles, c'est forcément vaguement saphique. Je me souviens d'un ex qui, à chaque fois que je revenais d'une nuit passée chez une amie, me demandait l'air goguenard : « Mais euh... ? Vous dormez dans le même lit ? Et euhhh, vous portez des pyjamas ? » Alors qu'aucune femme n'a l'idée de siffloter la BO de *Brokeback Mountain* quand deux hommes partagent un clic-clac...

Mais, enfin, reste qu'en effet, une fois adultes, les femmes continuent à jouer à Secret Girls. Se retrouver entre meufs (que ce soit pour parler de relations de couple, de chaussures ou du trou de la Sécu), ça a un nom : la sororité. La sororité avec du chablis, mais la sororité quand même.

Une valeur malmenée par une catégorie de personnes dénommée « la-fille-qui-n'aime-pas-les-filles ». On reconnaît « la fille qui n'aime pas les filles » à ce qu'elle est, en général, la seule femme au sein d'un groupe d'hommes. Comme le poisson-pilote à la remorque d'un banc de requins, la fille qui n'aime pas les filles navigue dans des eaux étrangères et supposément hostiles, mais avec l'aisance et la confiance d'une TRAÎTRESSE.

La fille-qui-n'aime-pas-les-filles prendra soin de dire à qui veut bien l'entendre qu'elle ne s'entend qu'avec les garçons. Qu'enfant c'était un vrai garçon manqué. Au lycée, c'est celle qui joue à la Streetfighter en faisant des prouts avec ses dessous de bras, plus tard, elle décapsulera des bouteilles de 1664 avec ses dents (la-fille-qui-n'aime-pas-les-filles deviendra en toute logique la-fille-qui-n'aime-pas-les-filles-mais-qui-a-une-bonne-mutuelle). Plus tard encore, c'est celle qui encouragera ses amis mâles à quitter leur meuf hystérique/fillasse/pénible… En 2018, la-fille-qui-n'aime-pas-les-filles n'aimera pas non plus les féministes et sera capable de tweeter des trucs aussi bêtes que « je ne suis pas féministe parce que, moi, j'aime les hommes ».

Phrase qui n'a aucun sens : c'est comme dire « je ne suis pas féministe parce que j'aime les poneys shetland » – le féminisme n'étant pas « la haine des hommes ». La rhétorique est néanmoins efficace puisqu'elle fonctionne comme un miroir inversé : en se désolidarisant des filles et en les décrivant comme des grosses relous, tout en étant soi-même une fille, on parvient à se faire passer pour une licorne qui sait reconnaître un hors-jeu, mais qui a des gros seins.

Les pauvres ne savent pas ce qu'elles ratent. Appartenir à un gang de filles est autrement plus réjouissant. Même si la sororité, c'est pas non plus l'UCPA. Et qu'au fil des ans, mon groupe d'amies a muté, évolué, réduit. Au gré des aléas, des désaccords, des choix de vie de chacune et de Facebook.

J'ai par exemple viré de mes *friends* et de mon répertoire deux amies devenues mamans et qui me taguaient sur tous les *posts* Facebook concernant les rappels de chaises hautes par Auchan pour problème de fabrication. Ce sont les mêmes qui me donnaient rendez-vous dans des poussettes-café, qui, comme leur nom l'indique, sont des cafés avec des poussettes et des bébés dedans. Et dont la carte propose vingt-cinq types de thés différents, de cakes au matcha, de jus verts, et l'épitaphe de votre amitié.

Le phénomène est d'autant plus déconcertant que ces « mamans à plein temps », telles qu'elles se décrivent dans leur bio Twitter, sont souvent celles qui, avant d'enfanter, étaient les plus décadentes. En 2001, ma copine Caroline a fait un coma éthylique et s'est réveillée dans un hôpital des Vosges (soit à 450 km de son domicile). En 2008, elle organisait des ateliers de portage et de chant prénatal.

Sont également sorties du cercle les amies qui hochent la tête avec bienveillance, voire approbation, en m'écoutant parler de ma vie sexuelle/sentimentale et qui, vingt-quatre heures plus tard, auront raconté à l'entièreté de leur répertoire téléphonique, selon mon récit du moment, que je suis une serpillière à foutre ou que je vais crever seule chez moi en leggings.

Restent les amies, les vraies.

Celles qui chantent « c'est l'amour à la plage, ah ouh tchatchatcha », au karaoké avec moi.

Celles qui avant de poster une photo de moi sur Instagram vérifient que je n'aie pas de veto double menton.

Celles qui me disent « mais non, tu ronfles pas, tu respires fort ».

Celles que j'aime tellement que je les suivrais dans un café-poussette (avec du gluten dans mon sac).

Celles qui ne se formalisent pas quand je suis en retard.

Celles qui m'engueulent quand je suis en retard.

Celles pour lesquelles je vais découper un article dans le journal pour le leur donner parce que j'ai pensé que ça pourrait les intéresser.

Celles qui sont SMS LV1 et qui vont être capables de traduire à la perfection certains des textos elliptiques que je reçois (« nan mais, là, il a mis des points de suspension, c'est clair, il est a-mou-reux »).

Celles qui sont d'accord pour dire qu'« acheter quatre paires de baskets en une seule fois, c'est un bon investissement ».

Celles qui gardent pour la nuit l'Enfant personnel pour que je puisse faire la fête (et qui viendraient me chercher dans un hôpital des Vosges).

Celles qui pensent à l'anniversaire de l'Enfant personnel (et lui offrent des Polly Pocket).

Celles qui pensent à l'anniversaire de mon célibat (et qui m'offrent un sextoy connecté).

En plus, mes copines à moi, elles gardent aussi mon chat Pompom pendant mes vacances.

REMERCIEMENTS

Merci à Fayard, Mazarine, Alexandrine Duhin, mon éditrice, éligible au prix Nobel de la patience, pour le soutien, la persévérance, le vin blanc à 11 heures. Merci à Leslie Plée pour les dessins fantastiques (Grand-Mère Yeta <3). Les amiEs : Charlotte, pour tout (dont les relectures de tout ce que j'écris – livre/chroniques/listes de courses –), mon coparent/diseuse de bonne aventure Louise, Sonia (toujours là, *hasta siempre*), Amandine, Lorraine, Titiou, Lise. JB, pour m'avoir soufflé les mots « Enfant personnel », Simoné pour m'avoir rendue photogénique pour une fois dans ma vie. Merci à l'industrie du tabac, au chablis, aux survêtements pochés aux genoux, aux chips goût barbecue, qui m'ont accompagnée pendant l'écriture de ce livre.

DE LA MÊME AUTEURE :

Mauvaises mères ! Les joies de la maternité, avec Emma Defaud et Johana Sabroux, Éditions Jacob-Duvernet, 2011 ; J'ai lu, 2015.

Kata Sutra. La vérité crue sur la vie sexuelle des filles, avec Emma Defaud, Titiou Lecoq, Johana Sabroux et Élisabeth Philippe, Éditions Jacob-Duvernet, 2009.

PAPIER À BASE DE
FIBRES CERTIFIÉES

Le Livre de Poche s'engage pour
l'environnement en réduisant
l'empreinte carbone de ses livres.
Celle de cet exemplaire est de :
700 g éq. CO_2
Rendez-vous sur
www.livredepoche-durable.fr

Composition réalisée par PCA

Achevé d'imprimer en mars 2020 en Espagne par
Unigraf
Dépôt légal 1re publication : avril 2020
LIBRAIRIE GÉNÉRALE FRANÇAISE
21, rue du Montparnasse – 75298 Paris Cedex 06

75/4705/2